马克思研究丛书之二

马克思民族社会及国家概念

（德）亨利希·库诺 著
朱应祺 朱应会 译

中央编译出版社
CCTP Central Compilation & Translation Press

图书在版编目 (CIP) 数据

马克思民族社会及国家概念 /（德）亨利希·库诺著；朱应祺，朱应会译 . -- 北京：中央编译出版社，2022.5

（马克思研究丛书）

ISBN 978-7-5117-4037-3

I. ①马… II. ①亨… ②朱… ③朱… III. ①马克思主义—民族观—理论研究②马克思主义—国家理论—理论研究—研究 IV. ① A811.64

中国版本图书馆 CIP 数据核字（2021）第 225645 号

马克思民族社会及国家概念

责任编辑 张 科
责任印制 刘 慧
出版发行 中央编译出版社
地　　址 北京市海淀区北四环西路 69 号（100080）
电　　话（010）55627391（总编室）（010）55627362（编辑室）
（010）55627320（发行部）（010）55627377（新技术部）
经　　销 全国新华书店
印　　刷 北京文昌阁彩色印刷有限责任公司
开　　本 710 毫米 ×1000 毫米 1/16
字　　数 49 千字
印　　张 7.75
版　　次 2022 年 5 月第 1 版
印　　次 2022 年 5 月第 1 次印刷
定　　价 2888.00 元（全 9 册）

新浪微博：@ 中央编译出版社 **微　　信：**中央编译出版社（ID：cctphome）
淘宝店铺：中央编译出版社直销店（http://shop108367160.taobao.com）（010）55627331

本社常年法律顾问：北京市吴栾赵阎律师事务所律师 闫军 梁勤
凡有印装质量问题，本社负责调换，电话：（010）55626985

馬克斯研究叢書之二

馬克斯
民族社會及國家概念

朱應祺
朱應會 合譯

上海泰東圖書局印行
1929

馬克斯的民族社會及國家概念

譯者小引

本叢書譯自德人柯諾氏(Heinrich Cunow)所著馬克斯之「歷史社會及國家理論」(Die Marxische Geschichts Gesellschafts-und Stoatstheorie II. Bd.)的第二卷第一章，名曰：「民族，社會，及國家概念」(Notion, Gesellschaft, und Staot)。其中所論如，「民族的概念」「民族的成立」「民族的感情」等問題，發揮盡致，確有特別的見解；尤其在「民族問題和民族性問題」一章內，否認「民族自决權」為一般社會學者注目的焦點；並且主張解放弱小民族，須以文化進步為前提。這種特殊的研究，總算是很有價值的東西。所以亟為譯出，權做馬克斯研究叢書的第二種。

馬克斯的民族社會及國家概念總目次

馬克斯的民族社會及國家概念細目

第一章　民族的概念

馬克斯以前的社會學說——社會學說的批評——馬克斯的積極的見解——社會和共同團體的關係——民族是一種共同問題——民族和國家的關係——神聖家族時代馬克斯的見解——新萊因(Rhrine)報時代馬克斯的見解——所謂民族是由一定融合過程所生的有歷史運命的文化團體——恩格斯在「紐約報」紙上所發表的意見

第二章　民族的成立

由馬克斯及恩格斯著作中研究民族概念的困難——奧地利之馬克斯主義者

鄂圖寶厄(Otto Bauer)氏的見解——民族性問題和社會民主黨——封建的組織和民族文化團體——都市有產階級的發達和民族文化團體——近代資本主義的發展和民族文化團體的發展——所謂民族是由自然團體成立的性格團體之意義

第三章　性格相同的民族和言語相同的民族

馬克斯主義者對於寶厄(Bauer)的兩個反駁——一個是考茨基（Kautsky）對於寶厄氏的批評——民族是言語的共同狀態——考茨基的根本誤謬——考茨基第一對於馬克斯的社會學說缺少理解第二沒有把辯證法的思想弄得淸——寶厄氏所說「民族是性格的共同狀態的意思——考茨基所說「民族是言語的共同狀態」這種見解是他的思想混亂——考茨基的民族概念和馬克斯恩格斯的見解相矛盾

第四章　民族團體及宗教團體

考茨基的誤謬是沒有用辦證法的思索研究——民族團體是應觀察他成立發展的本質並且須考察和其他諸團體的互相關係——民族團體和宗教團體的互相作用——國家的動機和民族感情

第五章　民族感情和階級差別

民族和其他各種共同狀態間有密切的作用——民族團體和職業團體的互相作用——民族團體和階級共同狀態的互相作用——馬克斯在他的「法蘭西及英吉利之階級鬥爭」論文內所述的見解——恩格斯之「遺稿集」內的見解——恩格斯於英國「國民報」上所發表的意見——大戰前德國社會民主黨黨員的見解——考茨基的幻想和大戰的勃發——大戰的進行和恐怖的失望(Ent-taus Chung)——民族意識比沒有見識的思想家的幻想更為複雜——

——幻想的進化——老成社會史家馬克斯的見解——「共產黨宣言」內馬克斯的見解——馬克斯寄恩格斯信中的見解——馬克斯所欲闡明的事實——無產階級的執政和民族感情——歐洲大戰前社會民主黨所幻想的意見無論理論事實都是錯誤的

第六章　民族和國家的關係

歐戰結果所生的反動思想——那思想的錯誤因爲是沒有根據辯證法——民族感情和其他各種感情的關係——國家共同狀態和民族共同狀態的互相作用——民族傾向和國家傾向之一致的情形——民族傾向和國家傾向相矛盾的情形

第七章　民族國家

國家傾向和民族傾向有區別之必要——民族國家成立的經過和馬克斯恩格

斯的見解——大民族國家結合的趨勢——統一傾向和勞動階級解放運動——恩格斯所發表「建設新德意志帝國的强力和經濟」一論文上的見解——恩格斯寄馬克斯書中的見解——民族傾向和民族國家的發展是歷史的必然性但發展的正當標準又是文化的進步——恩格斯「遺稿集」中的見解——恩格斯發表於「國民報」上的見解

第八章 民族問題和民族性問題

馬克斯和恩格斯的觀察點——他們否認弱小民族國家自主運動的根據——民族自決權——恩格斯對於民族問題和民族性問題的區別——「國民報」上所發表的恩格斯的見解——恩格斯所謂民族的權利——否認民族自決權的根據——恩格斯對於巴苦甯(Bakunin)的譏評——汎斯拉夫主義鬥爭之世界觀的基礎和馬克斯主義之世界觀的基礎——恩格斯於波河及萊因河(Pau and Rhine）的論文上所發表的見解——考茨基之「民族自決權」的理論基礎——他立論的混亂——市民的民主主義和馬克斯主義——馬克斯和恩格斯對於「諸國民的自決權」的解釋——考茨基氏的「主義」和「權利」的混同

第九章　馬克斯所謂民族性主義和政治進步

研究馬克斯和恩格斯對於民族性問題的態度的最好方法——恩格斯於「國民報」上（Common-Wealth）所發表波蘭問題的批評——恩格斯批評波蘭人性格的兩封信——馬克斯和恩格斯爲什麼不希望波蘭再興的緣故——恩格斯在「新萊因」報上所發表的見解——國際勞動協會紀錄中所載馬克斯的見解——他們的觀察點重在文化進步——馬克斯和恩格斯主張巴爾幹各國民解放運動的理論根據——恩格斯在「紐約報」上批評東方問題——馬克斯和恩格斯希望建設一大南斯拉夫聯邦或樹立希臘帝國——馬克斯對於這個

馬克斯的「民族」「社會」及「國家」概念

第一章　民族的概念

——馬克斯以前的社會學說——社會學說的批評——馬克斯的積極的見解——社會和共同團體的關係——民族是一種共同團體——民族與國家的關係——「神聖家族」時代馬克斯的見解——「新萊因（Rhine）報」時代馬克斯的見解——所謂民族是由一定融合過程所生的有歷史運命的文化團體——恩格斯在「紐約報」紙上所發表的意見

從前社會學者，都說：社會是單獨個人的集合團體，所以他們所研究的對象，不過是個人對於社會關係的一個問題罷了。他們對於社會以外的團體、如家族、國家、民族、國民、身分、階級、宗教團體等，有時也許論到；但他們總是把這些團體中的一部分，如國家、民族等，看做和社會同樣的東西，把其餘的團體，總括於他們所說：「社會的集合團體」概念之內，更不詳細去討論他。只要是某數人的集合團體，他們都叫他做「社會」。所謂「市民的社會」，依他們的見解，不外是一種比國家、部族、社會階級、較多人數的集合團體罷了。照這種社會學說看來，社會和社會內所包括的團體間，不能有本質上的區別，僅有大小的區別；而所謂「市民的社會」是由一種小社會，漸次發達而構成的大集合團體。就和那包括省、縣、鄉的國家，由省、縣、鄉等漸次的發達，而構成國家的一樣。

這種社會學說，現今尚有人唱導。但該學說已經沒有繼續維持的根據，我們早已明白。試問宗教團體——教會——（不管他是天主教派 Katholik 的教會，或是路得教派 Luther 的教會，或是加爾文教派 Kalvin 的教會，或是屬於其他何派的教會，）有幾個是屬於市民社會的範圍?又各教會的目的生活形式,及作用等的範圍,有幾個是相同的?天主教派的教會,一方,單只包含國家和民族的一定的部分,他方又包含不屬於市民的社會的集團。如美國非洲或海洋洲(Oceania)羣島的野蠻民族,皆係受天主教派傳道者的感化,始信他的教。因此可以知道天主教派的教會,是不是比市民的社會範圍更廣大呢?又家族團體也是有一部分屬於市民的社會,有一部分不屬於市民的社會的。比方海洋洲和非洲的土人中,他的大家族結合團體,或血族結合團體的一部分,是屬於白色人種,又受白色人種的文化薰陶,當然與白色人種的經濟活動極有關係,而他一部分還從事狩獵生活,或遊牧生活,這就是一個例證。

依照馬克斯的見解,則凡屬民族、國民、教會、階級、家族、以及一切形成物等,都不是「社會」。所謂「社會」這個東西,是和國家相同,由社會發展過程所生成的共同團體。詳言之:「社會」是複合的生活共同團體。這個團體的內部,又分為種種小團體,而各團體又立於種種不同的基礎之上。比方古代之家族團體，及血族團體（Geschlechtsgenossens Chaft）是立於血族共同或血族關係的基礎之上；境界團體（Markgenossens Chaft）是領土的團體，並且是立於共同占領一定地域之基礎上；又職業團體，經營同一職業時，他的階級，是立於社會的生產組織同一地位之基礎上。

「民族」也是一種共同團體。然則是一種什麼共同團體呢？馬克斯及恩格斯二人，最初都是跟着德國的一般學說，——現在英法諸國仍是這種學說，——謂：「民族是由某一國領土內之住民構成的。」照這種說法，「民族」這個名詞，是「國民」——國家組成份子之全體——之別名了。例如，在英國說「他有英國之民族性」的時候，就是和說：「他是英國之國民」同樣。但是，在學術研究書上，「國家」是表示某國民在一政府之下，組織政治有機體所用的名詞，「民族」是表示國民間內部同屬性，及生活關係，和性格相同時，所用的名詞。「國家」和「民族」大概有這樣的區別。但是，這種區別，也不是一定的。結局，「民族」和「國家」，都是一種住民之集合體，不過應用種種名詞的時候，把這些集合體的特性，分開說明罷了。

這種同樣的「民族」概念，英法兩國的詞句定義，不獨散見於第十八世紀前半期之德文政治學書中，即在今日德國「民族的意義」上，也和以前的用法差不多。比方近來報紙上所載「民族自主權」的論說等，大半都是這樣，就是一個很好的實例。嚴密說來，比方所謂「瑞士民族」這個名詞，本來是沒有的；因這個民族，是由幾個民族集合而成的。所以許多學者，也常常討論「瑞士民族」。又如比利時，是佛勒彌斯(Flemisch)族，及窩洛尼西族所居之國，並沒有比利時民族。然而學者都說是比利時民族。又阿爾薩斯及洛林地方（Elsass and Lothringen）之住民，由民族性說來，是屬於德意志民族，但是有些學者也說是阿爾薩斯洛林民族性云云。這都是住民和民族不同的地方了。

馬克斯初期的論文，也是跟着那時候的政治學上一般用語，說「民族」是和「國家」及「國民」同樣的意義。又說：民族性，即是國民一般的性質。民族的性格，即是全國民之性格云云。例如，馬克斯在他的「神聖家族」論文中，對於寶厄（Burno Bauer）氏所說「法國大革命中，法民族性之「純粹的利己心」的現象」云云，特批評如下：（Frang Mehring）編「馬克斯恩格斯遺稿」第三卷二二六頁）

「所謂民族性之利己主義，是一般國家狀態自然發生的利己主義的意思。民族性之利己主義，和封建制度之利己主義，是兩兩相對的。最高權的存在，是證明一般國家狀態安定的意思，所以又是證明民族性安定的意思；雖然如此，那最高權的存在，仍是束縛民族性之利己主義的所以又是束縛一般國家狀態的東西」云云。

但是，這種論調，只能于馬氏初期創作看得見的。自一八四八年到一八四九年之「新萊因報」時代，他的「民族」概念，已經大加改變了。這時候，馬克斯的意見，所謂「民族」，是以一定的自然基礎（土地，尤其是地勢、氣候、種族之同一性）爲根據，由歷史、社會、發展過程而發生的，多數人集合體。並且是有同一傳統（各處方言不同，暫不管他）同一言語和同一性格的團體。又馬克斯和恩格斯，在「新萊因報」上所發表的「民族」概念，不是用科學的方法研究後，才發表的定義；不過我們可以在他們的「汎斯拉夫族主義運動批評」和「新民族形成意見」等論文內，看得他們的意見出來。他們大概是說：「民族是從一定成長過程發生的，並且是由一定性格，與他種民族有區別的，各種民族融合歷史的產物」云云。

馬克斯又於批評「亞諾爾特露格(Arnold Ruge)氏之波蘭人激成煽動(Polenbegeisterung)」日論文中簡單說明，他對於法國民族性成立之意見。這種意見，和以上所說的相同。現在把他寫在下面（一八四八年九月二日之論文，見「遺稿」第三卷一七二頁）：

「中古時代，法國南部之民族性和法國北部之民族性，完全不同；正和今日波蘭之民族性和俄國之民族性不同的一樣。那個時候，法國南部地方，尤其是普魯汎斯（Provence）地方的民族，不唯對於一般文化，貢獻許多有價值的發展，且是發展歐洲文化之先鋒。第一，那民族在當時新民族之中，語言最爲優秀，他們作詩的藝術，是一切拉丁民族及當時法英二國人所趕不上的。他們和卡斯武里（Castres）人，北部法國人及英國之諾爾曼（Norman）等爭覇就構成他們的封建武士道。關於產業及商業，也不落於意大利人之後。所以法國南部之民族，不唯把「中世紀之生活階段」發展進步，物阜民康，並把古代希臘文化，也重與再現，反映於中世紀之沉淪思想上面。所以法國南方民族，可說替歐洲民族國家，曾樹立這偉大無邊的功績。但他們雖有這許大的功績，而最初就被英國及北部法國所瓜分。到了後來，且完全隸屬於北部法國，變爲法國的民族，和波蘭之隸屬於俄國，同一境遇。自亞爾賓根戰役後，到路易十一世時代，法國北部民族，——這民族的文化、教育、都不如南方法國民族，就與今日俄國人和波蘭人一樣——對於南方民族，常持侵略的方針。結果，遂把南法的全部領土，都吞併了。所以法國南部之「貴族共和國」，在路易十一世專制主義之下，就不能發揮完成他們的天才事業。假設他們的都市市民的社會，皆能夠自由發達，那麽，他們的事業，也可以與波蘭

相夥騙，根據一七九一年憲法之成功，一樣的成就了

法國南方民族，數百年間對於他們的征服者反抗爭鬥；但是，歷史的發展，是毫不容情的。他們雖然反抗，也不能爭得自由。所以過了三百年戰爭後，他們的美麗的言語，就漸漸變做法國的方言，最後，就完全變了法國人了。溯自法國北方，實行專制主義侵略南方以來，前後繼續約三百年間，才把南方的獨立性消滅，而法國才完全統一。於是南方之獨立州，此時也完全取消了。僅用個議會（Konstituante）來代替獨立州說話，那議會之鉄拳（Dieeiserne Fanst des Konvents）把南方民族，完全征服，使他們變爲法國人，奪了他們的民族性，建設民主政治來代替他」云云。

上面所說馬克斯的意見，大概說：法國民族，是由一定融合過程而發生的，且係一定有歷史運命和文化的團體。恩格斯也是和他的意見相同。恩氏於一八五二年四月二十二日「紐約報」上所發表論文中，說明易北（Elbe）河東岸地方之斯拉夫人（Slavs）同化於

德國人的事實，現在把他寫在下面；

「一千年之歷史敎訓他們：（奧地利亞系之斯拉夫人）以下所說的各種事實。第一：這種反動是完全不可能的事；第二：易北河之東岸及紮勒（Saale）地方，都住着互相親愛的斯拉夫人之事實，是一種歷史的傾向，同時又是表示德國民族，古來就能征服他的東方之隣人，並且有同化融合那隣人的體力與智力，第三：德國民族，既有吸收他種民族的傾向，那末就是西歐文明東漸一個最有力的手段；第四：日耳曼人這種吸收他種民族的傾向，除非碰着能獨立的民族，且是非常頑固牢不可破的國境觀念——如匈牙利（Hungary）或波蘭（Poland）——之民族，才能減少他的同化力量。所以被那强有力的隣邦民族同化的都是些弱小民族；這些弱小民族之滅亡，差不多是自然不可避免的運命」云云。

第二章　民族的成立

由馬克斯及恩格斯著作中研究民族概念的困難——奧地利馬克斯主義者鄂圖寶厄（Otto Bauer）氏的見解——民族性問題和社會民主黨——封建的組織和民族文化團體——都市有產階級的發達和民族文化團體——近代資本主義的發展和民族文化團體的發展——所謂民族是由自然團體成立的性格團體之意義

我們由馬克斯及恩格斯的著作中，要找出民族發展過程，及因此發生之民族概念的詳細定義，是很不容易的。因爲他們對於民族問題及民族性問題（National-und Nationalitatenfrage）所論的很少，而對於汎斯拉夫主義的問題，和「假民族主義之名行拿破當政策之實的主義等，則有所發表。所以我們能引爲研究資料的，就只有這幾種論文。幸而奧地利馬克斯主義派有一青年理論家名鄂圖寶厄（Otto Bauer）者，根據馬克斯和恩格斯的思想，詳論民族的概念；同時，又取例於德國，說明各民族的成立。他著了一本書，叫做「民族性問題和社會民主主義」。寶厄氏對於黑智爾（Hegel）和馬克斯的社會國家學說，並沒有深奧的研究。他的根本概念，只能說是承繼康德（Kant）斯他姆拉（Stamler）等之社會學說而來的，所以他把國家看做是一個單純的社會形態。但是，他敘述民族之歷史，政治性質時，大概是跟着馬克斯之思考方法，所以他的議論，可以說是補足馬克斯所未說明的。我們把他的議論，引用起來，也可以說明馬克斯的概念。

據寶厄氏說：民族之成立，完全是以一種自然共同狀態爲基礎。這種狀態，在一定之地理的生活區域內，由一種同一血統及同一源流發生之共同狀態。又這種共同狀態，能使生活關係及民族必然的關係，趨於同一，所以就漸次變成一種必然共同狀態及文化團體。歐洲之日耳曼民族系統，由他的起源說來，是根據共同系統及共同傳說之結合力而來的。到了固定的農業經營時代，就各居住於互相隔離的區域，漸次就各有各的文化生活樣式，因此又各有各的一定部族文化及部族性格。許多部族，或部族內之各部分，若沒有大河川或山脈隔斷，而互相比鄰，共同生活的時候，他們必定會受同樣文化之影響，時時遭遇同樣之必然關係；加以互相交通，互相往來，生出種種關係，所以他們的風習日益趨向同一。結果，遂成立所謂「同樣的部族性格」了。這就是賓厄氏大概的見解，現在把他所說的要點引用說來，就是：（賓厄氏著「民族性問題和社會民主主義」第三三頁）

「各部族互相交通往來，必定有他們的共同言語；互相婚嫁，必定有他們的共同血統。他們居住同一的土地，或和共同的敵人戰鬥，又或遭遇同樣的必然關係，必定有他們的同一性格。交際愈久，他們的親族關係，和鄰社關係的經驗必愈深，因此就造成一種很有統一的部族文化。」日耳曼民族，全部的結合，漸次疏隔以後，其中之一部族，和其他部族之區別，也漸次的分明了。那種部族，又和自己同一源流及同一風俗習慣的部族結合，成爲一種共同狀態。依這種順序變化，日耳曼人就依次的分化爲阿勒曼泥族（Alemanni）佛郎克族（Frank）薩克森（Saxong）族，貝爾勤族（Bayern）哥德族（Goths）及汪達爾族（Vandals）等云云。

照上所說的發展過程，次第進行中，漸次形成各種等差階級，交相支配，以擁護德國之文化。各階級都各有各的民族特性意識古時日耳曼的軍隊組織，自有封建制度之後，就廢止了。封建諸候和他的臣下，當防禦外侮之任；所以社會上遂發生一種「騎士階級」Rittertum）擁護民族的習慣，及民族的文化。反之，一般農民，則在狹隘的土地上，終日孜孜勞動不已。他們僅納賦貢租稅過日，熙熙攘攘，真有不知世界寬狹之景像。所以當時農民的社交的範圍，不過是他們附近的住民罷了。他們只曉得和他們鄰人通有無，聯婚姻，因此每一小地域中，都發生一種特別的，固有的農民種族。而以前各種之一定的地方，都發生一地方的特別習慣，其中雖稍有異同，也總是形成一種地方的特色。

反之，在他一方面，那騎士階級，遂組成國家的軍隊。所以帝國之諸侯，一旦國家有事就召集他全國的臣子們，準備軍事行動。又古時每年五月，有觀兵式一次；這時候，多數之騎士階級，皆有互相接洽的機會，即以後的全國會議時（Reichstage）也能互相接近。又封建的大諸侯，開催封建會議（Lehenstage）的時候，——這種會議，大概是教會大祭日的時候開的——在大領土內之騎士們，也可以於一定期間內集會。此外，他們又在城市和城市之間，隣邑和隣邑之間，你來我往的，交際極爲繁盛。

像這種你來我往、互相交際之間，遂養成一種特殊的精神文化、詩歌、和美術等。最初是受僧院、和寺觀等的保護，到了這個時候，騎士的詩，也漸漸增加價值了。騎士詩人，由此達彼，對於各處城市宮庭，反覆巡禮；於是那讚美騎士英雄之歌謠，或詠嘆宮庭情調之歌謠等，也漸漸的發生了。又因互相交通的關係，所以語言也漸次的統一。而發生一種共同的言語。但那共同言語，也不能說是一切城市的人，都能使用，都能了解的。只在某種範圍內，騎士和宮廷間的言語，可以說是通用的。騎士間之密切的交通，就是所以使騎士們互相接近。然而，在這期間內，那農夫間的土語方言，則更加複雜了。又由騎士們的交通，遂養成一種統一的「德國騎士風尚。」其間雖受過法國風俗的影響，——尤其是在十字軍時代，——但不久又變成一種特別的民族性格。騎士的生活形式養成之後，騎士們就覺得自己的風俗，和外國的種類不同了；又覺得自己的風習，是一種特別的德國騎士風習；這兩種自覺的意識，就是民族意識。詳言之，就是根據騎士的傳說之民族意識了。——瓦爾特(Walter)氏所作的有名之「鷹匠歌」中，已把這種意識，發揮殆盡了，那歌謠說道：

屢次的各國巡遊，
任何地方，都是好景映眼球；
假若自己看上了外國的風俗，

心裏必想着那外國風習比自己優秀；
啊！這就是自己一身惹禍的基礎！
確能說愛上那風習的是沒有，
自已雖沒什麼誇獎的地方，
德國的風習，却是世界第一流！

這種唯我獨尊的民族文化，結果完全是一種純粹的「階級文化」農民們，是不能預問的。——

寶厄氏（Bauer）說明這種文化如下：（寶厄氏著「社會民主主義」第五〇頁）

「宮庭的風氣和田間的習尚，原來是有差別的。一般農民，對於騎士的生活習慣，絲毫沒有關係。而那支配階級，也不把農民看在眼上，一說到農民，即以爲他們是一種粗野無智的東西，做他們的笑柄了。比方宮庭之詩人等，因農民不喜歡尾追婦人，調笑遊女的緣故，就常常嘲笑農民，漫罵農民；而騎士們，正則罵他們爲「鄉下老」因此騎士和農民之間，就有一種不可踰越之文化上的溝渠了。凡是俱有「民族名稱的團體，總不把農民算在裏面。官庭式的騎士言語，就漸趨一致，而農民的方言，則日見分歧；宮庭式的「活，是結合德國騎士階級的樞紐，至農民式的鄉居生活，因各地相隔遼遠，所以他們的習尚，反日益異差。又騎士階級，能制定統一封建式的法規，但諸候之法制，適用於農民者，則不獨發展緩慢，並且不能劃歸一致。所以那時候的德國農民，所謂「民族」這個東西，並沒有成立，只可說是民族的下層堆積罷了。因爲「民族」的成立，是要有共同的文化，現在這種情形，簡直可以說是支配階級的共同文化，而那班把自己的勞動養活支配階級大部分的民衆，反由這種共同文化除外，豈不是一種怪事嗎？」云云。

德國各都市、漸次勃興；商品生產，（不是爲自己消費，乃是爲營利而生產貨物）也漸次發達。到了專制的王權成立，封建諸候的權力失墜，騎士軍隊之絕跡；傭兵制度之發生以後，前述的種種狀況，也就漸次而改變了。一方，在新興都市之商業的有產階級，無論如何，必須有一定之知識程度，所以他們於都市設立高等學校，除學習普通科學外，並且學習拉丁語。他方因印刷業之發達，促進有產階級的文學生急激的進步。上流社會之生活程度，也漸次的增高，所以他們的嗜好，也日加複雜，因此更促進那美術手工業之發展進步。連那詩歌韻事，也與那日暮途窮之騎士階級，蟬蛻分離。轉移於手工業者歌人之手。再則他們因和那不懂拉丁語的人交易，不能互相了解，感覺困難，所以一定會圖語言的統一。又一般的印刷物之發達，尤其是宗教的印刷物，有普及之必要，所以他們的文章也自會漸趨一致。文藝復興，及人道主義派之思潮，所以能浸潤於德國人士間，也就是這個道理。

這麼一來，那擁護民族文化，及民族思想的人，就是這些在都會的有產階級，和知識階級。維持文化的人，縱然不能說是有產階級全部，也可說是有產階級大部分，而所謂半有產階級的大部分，都是不能干預這種擁護事業的。至于農民和工資勞動者，那更不必說了。又那時候的民族文化團體，是以有產階級為中心，所以於富豪階級之外，其他學者階級、(Ge lehrtentum）官吏階級、（Beamtens chaft）及自由職業階級等等也包括在內。

近代的資本主義，最初發展的時候，因利用鐵路輪船而有交通急激的發達；農業經營，也變爲資本主義的大量生產。即從前之小農制，今則盡改爲犬農制了。從前的勞動者，本固着那土地以求生活，現在也遷徙無定的，過那流動生活了。又因敎育制度之改善，那勞動階級或半有產階級，也能漸次參加政治的文化的生活運動。並且能享受那團體裏面的文化生活。縱然有時受那資本主義經濟方法之阻滯，而那民族的文化團體之範圍還是慢慢的發展擴張。

據上所述，可以知道寶厄氏（Kauer）之「民族」的定義，是說：「民族是由必然的共同狀態所成立之性格共同狀態。而民族的性格；又是一定歷史發達的沉澱物」云云所以他的著書內又說（前述寶民之著書內第一三八頁）「民族，不外是表現於民族性格中的東西，或表現了個人之民族性中的東西，而個人之民族性，又不外是因社會歷史而決定（個人性格之）的東西」云云。

歷史的必然性，一方，養成同一性格之團體，他方又養成民族的同類感情。卽是養成民族感情。維持這種團體之中心份子（擁護者）就是在民族發展過程中，由各種人員及階級輪流担任，前已說過了。民族感情這個東西，最初不過是一種單純的認識，例如甲團體的人，認定自己是屬於甲團體，不屬於乙團體，各個人，僅僅感覺自己屬於何種團體罷了，所以又可叫做「本能的民族感情」。但是，民族之範圍，漸次擴充，及內部的團結力，漸次增大之後，換句話說：一民族形成一種特別的模型，和特別的性格，與他種民族不相同的時候，這種「本能的感情」就漸次變爲相同的意識了。這種意識，慢慢的把各地方之特徵同化消滅後，（但是也有不能消滅的東西）連構成民族一切份子的特徵都消滅了，儻若民族中之一人，於是遂成爲眞正的民族意識，或一種獨特的民族意識。所以凡有民族意識的人，都承認民族的性格，是自己性格之一部，就是承認民族的性格，是自己所屬的模型之一部。一般人總以爲自己的性質，是一種自然的東西，並且是正當的有價值的東西。他總是這麽樣想，所以他也想到他的民族性，是一種很有價值的東西，總想把他所屬的民族性，繼續的維持與發展。因此他又必定想到合於民族性格的東西，就是正當的東西，善良的東西，不合於民族性格的東西，就是沒有價值的東西了。

第三章　性格相同的民族和言語相同的民族

馬克斯主義者對於寶厄氏（Otto Bauer）的兩個反駁——一個是考茨基（Kautsky）對於寶厄氏的批評——民族是言語的共同狀態——考茨基的根本誤謬——考茨基第一對於馬克斯的社會學說缺少理解，第二沒有明白辨證法的思想——寶厄氏所說「民族是性格的共同狀態」的意思——考茨基所說「民族是言語的共同狀態」這種見解是他的思想混亂——考茨基的民族概念和馬克斯恩格斯的見解矛盾

寶厄氏（Otto Bauer）之民族的說明，雖是和馬克斯恩格斯之民族發展過程的見解相同，但是馬克斯主義者之間，很有許多反對他的。第一派反對者之出發點，是由生物學的

見解，他們以爲民族是同一種族的各國民之混合，和發源于同一種族的人種團體；第二派反對者之出發點，是一種理論家他們以爲民族團體，不外是一種言語共同狀態。這派反對者，以考茨基爲中心他著了一本書，叫做「民族性及國際性」，在這裏面極力反駁寶厄氏的說明。

考茨基（Karl Kautsky）的見解如下：「社會一切形成物，都是一種必然的共同狀態；就是，一切社會，（考茨基沒有像馬克斯一樣的，區別社會和共同狀態）都是各有各的共同必然性，和共同傳統。如民族、村落、團體、國家、組合、黨等，都是一樣。有限公司亦同。所以我們僅說人類之集團，是自然和文化的共同狀態，當然不能由一民族區別他民族了。比方德意志系統的瑞士人，和法蘭西系統的瑞士人，民族性雖然不同，而他們自然和文化的共同狀態，到比德意志系統的瑞士人和維也納人或德意志系統的瑞士人和霍爾斯德音人（Holstein 的關係，更爲密切。並且在同一民族裏面也有種種文化上之差別，那種差別，——

——尤其是階級區別最正的地方，——比那民族性不同而職業相同人士間文化的差別更爲顯著云云。他又說；居于什列斯威（Sehleswig）的德國農民和丹麥的農民所構成之文化共同狀態，無論如何也比居於什列斯威（Schleswig）的德國農民和居於柏林之德國人的操觚業者，及德國人的藝術家等所構成的文化共同狀態，關係更爲密切。但是居於柏林之德國人的操觚業者，及藝術家，又和巴黎的操觚業者及藝術家們所構成的文化共同狀態，又當比較的密切云云。

考茨基的駁論，可以說完全錯誤。第一，由於他沒有理解馬克斯社會學之根本原理，並且沒有理解馬克斯之社會學，和他種社會學完全不同的事實；第二，由於他沒有懂得馬克斯辦證法的思想。這都是他的錯誤所由來的原因。實厄氏並不是說民族單是一種必然的共同狀態，他是說民族由必然的共同狀態，生出一種性格的共同狀態。假設那村落團體、國家、職業、組合等，（考茨基說所謂國家這種社會，職業這個社會，組合這個社會云云，都是不正確的，我們只可說有國家的共同狀態，職業的共同狀態，組合的共同狀態，不能說有國家的社會，職業的社會，組合的社會）和民族一樣的，可以說是一種性格共同狀態，那末考茨基自己，非預先證明這樣事實不可了。

但寶厄氏之民族概念，並沒有說：「民族常常是有同一特徵，和組成民族的全體份子，常常有同一的內容，所以該民族全體份子間，都有同樣的性格之相互作用存在」云云。其實民族是時代發展的產物，所以民族的性格，在各種時代中，總有一些同樣之特徵性格存在。具體的說來，民族在發展中，因發展階段不同，而其國民的體系階級、職業等，也是不同的。所以民族雖有融化的力量，把這些不同的現象，一概吸收，但無論怎樣民族在同一地方同一時間內，總沒有完全同一性格存在的。若在一定時代，沒有民族性之特徵表現，則在他時代之發展過程，或有使人特別注目的地方。這種現象，對於民族以外之歷史的共同狀態也是同樣的。又這些性格的特徵，在某時代，可以包括民族全體，到了他時代，或者僅限於某種系統，某種階級、或身分、及某種職業等。所以民族的種種特異性，是以種種不同的程度，包含於一民族各種部分的複合物內，這是當然的道理。實厄氏說民族是由必然的共同狀態所生長的性格共同狀態，並不是說一民族組成份子全體都常常有同一之性格的特徵，和同一之嗜好，氣質等；這些特徵，卽在同一民族內之個個集團，和個個系統內，也是形形色色的。又在一個人和他一個人之間，也是千差萬別的，這些事情，都不關緊要，現在所急要研究的問題，就是這種部分的差異，雖然存在，但是若區分甲民族和乙民族之差別時，是否要一種一般的「性格的特性」存在，以作標準呢？又比方屬於甲民族之種種特性，則該民族之組成份子，當然感覺是一種共通的東西，或覺得是結合自己內部的東西；反之，這些種種特性，在乙民族的組成份子間，是不是覺得與他們漠不相關嗎？這到成了一個問題了。

我們觀察一定職業的特徵，和由同一職業所生之生活習慣時，就可以知道德國農民和丹麥農民，或柏林人之操觚業者和巴黎人之操觚業者等等之關係，比巴爾勒(Bayern)

農民和巴黎之操觚業者之關係，密切得多。這是很明白的事情，但是有一個問題，就是除了這些職業上之性質外，其他各種性質，例如要農民和同一民族之操觚業者結合，並且使農民感覺他是該民族的組成份子之各種性質，是否存在，這是考茨基完全沒有想到的一個問題。他只注意那階級之差別，職業之異同，尤其是「職業的生活方法」之異同，他也許承認若一民族在同一生活條件之下發展，則在該生活條件之中，必能漸次的形成一種民族性格；但是他又發問道：「試問今日之大民族中，那一族是在這種同一生活條件之下發展的呢」云云。德國人無論如何決不是在同一條件之下生活的，所以據考茨基所說，德國之民族的性格，簡直是不能存在的東西。依他的推測，所謂民族的性格，不過是一種幻想的產物，考茨基對於寶厄氏半譏笑的發問道：

「我們對於近代的民族，要怎樣才能確定那「民族性格」呢。比方，德意志民族的領域很寬，包含着許多地方，即包括北海和東海岸(Ost See)及北部德意志和阿魯布

（Alpen）高原地方；又於發展期間中，擴充種種地盤，有二千年之文化，由地味膏腴氣候溫和之萊因（Rhine）溪谷，一直到古典的頹殘的奧得（Oder）地方，都是德意志民族的領域。在這民族之內部，又存着種種最强有力的社會。卽一方，在馬柯冷堡（Mackrenburg）及波蘭，殘存半封建主義；他方，在薩克森（Saxony）及魯爾（Ruhr）地方，完成極端的資本主義。一方，有維也納柏林等數百萬人口之都市；他方，又有荒涼偏僻之隱逸所。此外又有各種階級和職業之存在」云云。

民族既不是內容空虛的幻想，然則結合那組成民族份子的東西，究竟是什麼呢？考茨基對於這個問題答道「言語之共同狀態」云云。他又把下記的反問，做爲他的主張之根據，他說：「他們除却由交換所愛用的，而且是用得最純熟的言語之外，還有什麼方法，再能夠交換民族性呢。要之，就是除交換性格外，則絕對不能達到目的」云云。

這個質問，適足以表示考茨基對於民族性的概念，完全沒有了解。他在這種地方，所用的「民族性」之意義，就和英國人論英國之民族性，或比利時之民族性，解爲是屬於英國之國家，或比利時之國家的用法，同一意義。在這種意義解釋之下，我們可以把那歸化英國取得英國國籍的人，或歸化比國取得比國國籍的人，看做他是把改換了民族性，卽是改換了「民族」。但據馬克斯恩格斯的解說，這種「歸化」不過是一種國籍的改換，卽不過是向他一國家共同狀態，改換其所屬的意思罷了。並不向他一民族，交換其所屬的意思，所謂「民族性之改換」是把原有的民族特徵，完全脫却，而化爲和他一民族之特徵，完全符合的意思。換句話說：卽由「改換性格」才能夠實現改變民族性之事實。所以言語的改變，只能說是性格改變的一種重要步驟，但不能遽算爲民族性的改變。比方一英國人居住於德國，常說德國話，他總是一英國人，不能算他爲德意志民族。

語言這個東西，確是結合民族構成份子之一種最有力量最有意義的手段。因爲各個人都要語言的介紹，才能享受他所屬的民族的精神文化財，並且要語言的介紹，才能參與該民族的文化共同狀態。無論何人，假設他不通曉一民族的語言，那末，他就不能參加那民族的文化生活。縱能參加，也是範圍有限。此外，又不能享受那民族之思想及文學的薰陶。但無論如何，總不能說民族單是一種言語共同狀態。比方那威人（Norwag）和丹麥人（Denmark）語言是相同的，愛爾蘭人（Irland）除却特定地方之外，和英國人的語言，是相同的，又英國人和美國人的語言是相同的，阿眞騰人（Argentine）和西班牙人的語言，是相同的，但是不能說那威人是屬於丹麥民族，愛爾蘭人和美國人是屬於英國民族，阿眞騰人是屬於西班牙民族。想必考茨基也不得不承認這種事實。但是，他說這種事情也許是有的，然而不能做爲證明民族共同狀態不是一切語言共同狀態的根據。僅能證明，一個語言共同狀態，也能包括二個民族的事實罷了。（有時或包括二個民族以上。）比方，英語之共同狀態，有美國人澳大利亞人及其他民族等云云。

這麼一來，那言語共同狀態，和民族不是一致，屢屢有超出範圍以外的事實。由全體說來，那包括民族的言語共同狀態，也沒有統一一民族的事實，前已證明了。所以於言語之外，非有一種民族樞紐，不足以使民衆結合密切。他方，又有某民族，包括和自己語言不相同的國民，比方，有個愛爾蘭人只能說愛爾蘭的話，所以他和那專說英語的愛爾蘭人，不是形成言語共同狀態，但試問他是不是屬於愛爾蘭民族呢？又比方不能說基姆利語的人或只能說百分之三十的英語的威爾斯人（Wales）也是算入威爾斯民族內嗎？

總而言之，考茨基的民族概念完全沒有根據馬克斯及恩格斯之思想。馬克斯把愛爾蘭人，常常做爲一個獨立民族觀察。（參照千八百六十九年十一月，馬克斯在國際勞動總會委員會上，提出關於愛爾蘭人之大赦的決議文）又恩格斯於「新萊因報」「紐約報」及倫敦之「國民報」等發表很多的論文，其中不獨說斯羅凡硜（Slovaken）哥羅亞典（Kroaten）路得湼（Ruthene）不列顛（Bretonen）巴斯克（Basken）等人是民族，並且說威爾斯人（Wales）曼克斯曼（Manxmen）人（住於島嶼的格爾（Gale）人其中約六分之一還是用古時格爾的語言）等，也是民族，所以馬克斯恩格斯的觀念，和考茨基是根本不對的。

第四章　民族團體及宗教團體

考茨基的誤謬是沒有用辨證法的思索研究——民族團體是應觀察他成立發展的本質並且須考察和其他諸團體的互相關係——民族團體和宗教團體之互相作用——國家的動機和民族感情

考茨基把民族概念弄錯了的原因，第一，是由於他只注意那已經統一的大民族，忘却那民族發展歷史之種種階段；第二，由於他觀察民族時，把民族本身看做是孤立的東西，完全沒有注意民族和他種共同狀態，例如國家共同狀態，宗教共同狀態，階級共同狀態等，都是互相結合，互相依賴的事實。凡是研究民族之發生及其發展過程的人，都能發現以下的事實：即在各種發展階段中，那種種國民的系統，都是維持那民族思想和民族特性的東西。

而所謂民族性，是變化不已的那維持民族思想和民族特性的東西，就是農民階級，（卽所謂土地所有者）或是大有產階級，或是小市民階級，或是軍人和官僚階級，又或是知識階級。這種知識階級，當然是民族思想之根源；又能附與一種特性於民族生活，以爲民族發展的要素。大概由山岳農民構成的民族，比較經商航海之民族，難於成立特異的性格，他們於長期間之發展過程內，除山岳固有特性之外，不能形成別的特性，但有種族的屬性和種族的素質之民族，則不在此例。同樣，民族在發展過程中，民族本身的特性，和他種要素結合後，可以變化民族性之外，又民族內之種種階級，也是可以決定民族生活的東西，所以也能變成民族性，這都是瞭若指掌的事情。

除上述事實外，再要把民族當做一種孤立的複合體觀察，那就大錯特錯了。民族裏面，除各有其「民族性共同狀態」之外，還有特別利害關係及傾向的他種共同狀態。而且那種共同狀態，並不是和民族分離獨立的，乃是補充民族之生活傾向，使其鞏固或使其墮落的；

差不多是與民族存亡互相關係的東西，個人不僅是民族之組成份子，同時又是種族宗教團體之一階級或一個國家之組成份子。個人和這些共同狀態的關係，對於個人和其他組成份子之共同生活，及個人之民族意識上，有種種影響。試舉宗教團體影響於民族性的例來說：民族養成宗教團體，或成立宗教禮拜（Kult）的共同狀態，設立民族自己的教會時，除結合民族組成份子，及堅固他們的民族意識之重要原因外，確是另有一種信仰相同的要素。所以一民族的民族感情覺醒之後，由他民族實行分離時，他們只努力於形成一種特別的宗教團體，或教會團體，或最小限度也必定由教會管理，而以教會為中心的獨立行政區域。依此看來，宗教之共通性，可以結合種種的民族性，所以又是一種「同化作用」的手段。但有時民族的內部因宗教的對立，又能使民族分裂。比方，在愛爾蘭，破壞民族的互相依賴之感情的，並不是言語之差別，實是因宗教之不同。厄爾斯得（Ulster）縣住民之大部分，對於愛爾蘭國內各縣之民族經營事業，常懷惡感，持反抗的態度；考其原因並不是因為厄爾斯得縣民是他種民族的關係，——這縣的東北部有蘇格蘭人侵入——也不是因這縣和他縣風俗習慣不同的關係，實是因爲這縣是屬於英國教會，而他縣則盡是屬於羅馬教會，信仰羅馬教熱烈的緣故。

再舉一個例，宗教之差別，使塞爾維亞（Servia）人及克魯替亞、（Kroatia）人，各各建設特別的民族性集團。本來克魯替亞人和塞爾維亞（Servia）人，在今日還是形成所謂塞爾維克魯替亞之種族共同狀態，而克魯替亞的語言，不過是塞爾維亞語轉訛而來的；但是，克魯替亞和塞爾維亞之分裂，（其未復合以前）也是由於宗教相異的緣故。克魯替亞人之大部分，都是羅馬加特力教徒（Romankatholik），反之塞爾維亞人，是希臘加特力教會自治支派之信徒。又由宗教的差別，也可以生出書體的差別，（塞爾維亞人用薩伊拉斯（Sailas）文字，克魯替亞人則用拉丁文字）習慣風俗的差別，及民謠文學等的差別，這種文學，一般都把新塞爾維亞文學及克魯替亞文學除外，只把從前塞爾維亞（Servia）和達爾馬提亞（Dolmatia）文學等區別罷了。在紀元九百年期間，克魯替亞人由希臘支配之下，解放自己，建設獨立王國，這個王國因宗教的勢力，漸由政治上文化上，向西方侵略。到了十二世紀末葉，就已侵入於匈牙利（Hungary）一方，塞爾維亞人自一〇三四年獨立以來，遂移植其勢力於東部及南部；至十四世紀，已包有勃牙利（Bulgaria）。人馬基頓（Macedonia）人阿爾巴尼亞人（Albania）帖撒利人（Thessalia）之大部分；至一四五九年，遂完全隸屬於土耳其支配之下。於是他們因宗教的差別，形成種種集團，又各因宗教的區別，養成各團體的文化，民謠歷史的生活環境，及政治的傳統。

從前克魯替亞人，本保存有他們的特別民族性。到了最近，他們國內的知識階級中，有一黨派，以克魯替亞人和塞爾維亞人雖有上述的差異，但他們確屬於塞爾維亞民族，並且是純粹的塞爾維亞人種，主張和塞爾維亞人復合。

然而，正確的說來，這種複合運動，與其說是民族的動機，不若說是政治的動機，或國家的動機了。就是因克魯替亞人之知識階級，不忍見祖國受奧地利匈牙利(Austria Hungary)兩國之政治的經濟的壓迫，——這種壓迫，是妨害克魯替亞領域內之文化的政治的，及經濟的發展——由這種刺激感情，就提倡民族聯合運動。所以與其說是民族的動機，不若說是政治的動機了。因此那知識階級的黨派，總想把本國的領域與奧地利及匈牙利割開，而與塞爾維亞合併。那末，這種運動，雖是一種民族的運動，實際上仍然是一種政治的努力。那政治的努力，是爲民族爭地盤的，與西歷屢利用民族的運動，或利用民族的同情和民族的對立而實現自己之目的。

第五章　民族感情和階級差別

民族和其他各種共同狀態間有密切的作用——民族團體和職業團體的互相作用——民族團體和階級共同狀態的互相作用——馬克斯在他的「法蘭西及英吉利之階級鬥爭」論文內所述的見解——恩格斯「遺稿集」內的見解——恩格斯於英國「國民報」上所發表的意見——大戰前法國社會民主黨黨員之見解——考茨基的幻想和大戰的勃發——大戰的進行和恐怖的失望（Enttauschung）——民族意識比沒有見識的思想家的幻想更爲複雜——幻想的進化——老成社會史家馬克斯之見解——「共產黨宣言」內馬克斯的見解——馬克斯寄恩格斯書信中的見解——馬克斯所欲闡明的事實——無產

階級的執政和民族感情——歐洲大戰前社會民主黨所幻想的意見無論理論事實都是錯誤的

民族的、國家的、經濟的、宗教的各種動機，屢屢有互相密切，互相依賴，互相錯雜的關係。前節業已說明過了。至於民族和他種共同狀態，如種族共同狀態，階級共同狀態，國家共同狀態等之間，也有密切的相關關係。一民族和其隣接的民族，完全種族不同的時候，該民族之內部的同屬感情，和對於他種民族的敵視感情同時都是很堅固的。反之，在民族發展過程中，他種民族，加入自己民族之內構成複合民族，尚未完全同化的時候，同屬的感情，當然是很少的了。

職業的共同狀態，同樣，也是影響於民族感情的。——考茨基於他的著書「民族性及國際性」中說：「德國農夫和丹麥農夫，雖不是同一民族，但是他們的文化關係，比較德國什列斯威州（Schleswig）之農夫，和住在柏林市西區之新聞記者，或藝術家間的關係，尤爲密切」云云這句話的確是不錯的。不過由這種議論不能推廣說：「同一職業，可以使人發生同樣的人生觀，同樣的感情，同樣的利害關係，所以民族不是性格的共同狀態，乃是一種言語共同狀態」云云的話罷了。

考茨基之反對說，所能主張的，就是民族以外，還存着許多種的共同狀態，又民族的同屬感情以外，還有幾多種的同屬感情；這些同屬感情，都是有同樣強度的東西，有時別種同屬感情比較民族的同屬感情，還占優勢，甚至把民族感情消滅的事，也許有之。

同樣的理由，關於階級共同狀態，及階級的感情，尤其是階級意識，也可以適用。假設在一民族內，階級的差別很大，階級的對峙很明，而民族和民族之間發生衝突時，那末一民族內的一階級，——尤其這個階級是被壓迫的階級，並且完全沒有享受民族的生活時，——和相衝突的民族內之同一階級，確有一種連帶的感情。因此對於自己所屬之民族，反有違抗之事。這種事實，間或有之，但不是單純的階級意識當然的結果，確是因民族的結合之堅固，階級對立之存在，一民族內階級鬥爭之劇烈，此階級與他國之同一階級，處於同一地位，及因同一地位，而生出重要的階級利害關係之結果。同時，階級意識，又能助長民族意識。比方，一民族被他民族極端的壓迫，極端的妨礙其發展，並且受劣等民族的待遇時，那民族意識，必定發展伸張。愛爾蘭對於英國正和這種階級狀態相同。據馬克斯恩格斯等說，不僅愛爾蘭如是，即以前的歐洲各國，對於英國的關係，也是和無產階級對於商工業資本家一樣，常在一種敵對的關係。馬克斯在他的「法蘭西及英吉利之階級鬥爭」論文內，（這篇論文載於一八四八年六月二八日及七月三十一日「新萊因報」上）發表的見解如下：

「一切的「獨占」權廢止之後，競爭越發自由，所以資本也就越發急激的集中於大工業家手內。而所謂中產階級也日漸滅亡了。英國因此遂變成一個資本獨占的國家。把他的隣邦，都隸屬於自己支配之下，法國德國及意國的有產階級之獨占權，已經打破了。德法意各國，比那併吞一切資本之英國，差不多已零落為一介之無產國家了。而英國之有產階級，壓迫無產階級，完全和英國之有產階級全體，壓迫德法意各國同一方式。在這種壓迫之下，痛苦呻吟的，當然是德法意各國之中產階級了』云云。

恩格斯也於一八四九年「新萊因報」之新年號論文上，說明如下：（參照「馬克斯恩格斯遺稿集第三卷第二三一頁

「英國是想把一切民族蹂躪，變爲無產階級，使他們隸屬於自己支配之下。他的巨大的手腕，就是想擁據全世界，利用他的黃金，使歐洲還復舊觀。他本國的階級對立，已成爲特種狀態，並且是已變爲無恥的狀態了。這種國家，一經革命的波浪，勢若浪打崩巖，無可救藥。那新社會建設之新機，已破壞於母胎之內，他業已支配世界的市場了。歐洲大陸一切國家之國民經濟關係的變革，若把英國丟開不論，就和以一杯水潑在全歐大陸，毫無影響的一樣了」云云。

恩格斯氏又以英國民族之特權的地位，——英國民族對於歐洲各國民族，是處於資

本家之地位，——爲議論之起點，說明英國勞動階級，自一八四五年至一八八五年之間，對於社會主義全不注意；並且反對歐洲大陸諸國之勞動階級，和無產階級之運動的理由。要之，英國的民族，早已分裂爲各種階級，其中勞動階級之大部分，仍然由工商業獨占的地位，取得種種的利益，他們又能享受民族的資本利潤，所以他們的階級地位，當然和歐洲大陸諸國民族的地位，大不相同了。這樣一來，所以他們對於資本主義的態度，決不能如法德意各國勞動階級的强硬。這就是他們反對無產階級運動之充分的理由。恩格斯在倫敦「國民日報」上所發表的意見如下（此論文曾登載於現代雜誌第三年度第二四五頁）

「英國工業上獨占的地位，繼續存在時，英國勞動階級，可以享受相當的獨占利益。本來，這種利益的分配，極不平等，比方少數特權地位的人，壟斷利益之最大部分，而多數民衆，不過一時的霑潤罷了。這就是奧文（Owen）派社會主義消滅後，英國沒有發生社會主義的實在原因。但是英國的獨占一旦崩潰後，英國勞動階級，一定會喪失這種特權的地位，所以他們——即特權地位之少數指導者也一並在內——遲早一定會發見他們和外國的勞動者，是同一在水平線上的事實，這又是英國再有社會主義發生的一個根據」云云。

所以恩格斯說：「勞動階級對於本國有產階級，及他國勞動階級的態度，是看他們所受國民利益分配程度如何而定的。世界大戰以前，德國社會民主黨的主張，和恩格斯不同。他們的主張，以爲有產階級之民族的感情，對於有階級意識之勞動者，完全沒有什麼影響。在德國的勞動者間，階級意識，是很占勢力的。他們把階級意識，看做超越一切民族的限界，他們把英法意各國的勞動者，也看做是他們的同胞，所以將來戰爭勃發之際，他們相信可以助幫他們的外國同志階級」云云。尤其是考茨基氏，根據這種主張，俱然試行各種動作。比方他在「現代」雜誌上關於奧地利匈牙利之民族性鬥爭，說明如次：（該雜誌二年一卷三三二頁）

「社會民主黨員之無產階級，對於此種民族性鬥爭，毫不介意，他們在現代社會之下，已拋棄他有意義的生存觀念，卽是丟却變爲有產階級之希望了。這就是他們爲社會民主黨員的理由。所以「無論何種民族，何等種族，或何種宗派發生有產階級最爲合宜」的問題，都是和他們風馬牛不相及的」云云。

法國之社會主義新聞家曾提出以下各種問題要求解答：卽（1）社會主義者對於民族主義，國際主義及愛國主義等應取如何態度；（2）社會主義者從解釋民族問題上，一旦戰爭勃發時，感覺什麼義務。——考茨基對於此等問題，以長篇論文解答如下：（此文存錄於「現代」二三年度二卷三四二頁以下）他主張各大民族之無產階級，須形成自然的聯合，他說：

「……所以民族的傾軋，在無產階級中，絕對沒有這回事。若無產階級能得精神的及政治的獨立時，那種傾軋，和他們必定是完全不相干的。無產階級到了這種地位，他們也絕對不會發揮那侵略的愛國主義了，他們決不會有犧牲他國，以裨益於他們祖國，他們民族的行爲」云云。

所以考茨基由這種理論推測，就說「勞動階級之反「民族主義」是妨止世界戰爭之最堅固的牆壁」云云。又謂本來勞動階級，現在還沒有完全消滅世界戰爭的能力，但他們的抗議，已經無數回的防止過民族間之衝突了。該論文中，又有次述之見解：

「各國社會黨只要能繼續保存他們堅固的力量和革命的綱領，這就是防止歐洲戰爭的最好的牆壁。那資本主義政府因破壞的（Katastrophie）結果，必至滅亡；所以資本主義政府，在這種事實發現以前，常戰慄恐慌。這種破壞，是由戰爭敗北而起的；戰爭敗北後，同時資本主義政府，一定會土崩瓦解的」云云。

但這次的世界大戰勃發以前，那民族性鬥爭的趨向，把這些幻想，完全無意義的消滅了。就是這次的戰爭中，那勞動階級之反民族主義，不唯絲毫沒有阻止民族性鬥爭，而且那民族性鬥爭，反刺激勞動階級的腦經，使發揮他們的鬥爭本能。比方，在愛爾蘭新勞動組合之社會主義的勞動運動，反投入新芬黨，實行其民族的運動。又在奧地利、匈牙利社會黨內，德人派和揵克人(Czechs)派民族的傾軋很深，所以到一九一一年，揵克人社會黨，遂和奧地利社會黨脫離，參加揵克民族運動。又在大戰期間，奧地利社會主義者團體，和波蘭社會主義者團體之間，也已發生裂痕了。

照上所述，那主張「奧地利匈牙利社會主義的勞動者，不會因本國內之民族性鬥爭，而動心的」議論，由實在的經驗說來，可謂已完全不能成立了。又有謂「當戰爭勃發之際，交戰各國勞動階級，大家都有互相連帶感情，所以一定對於有產階級之民族主義挑戰」云云的豫言，也於一九一四年，完全證明不成問題了。一九一四年八月上旬，列强發表宣戰布告之際，民族意識，並沒有消滅，而那社會主義勞動者國際的聯合和國際的關係，反崩潰了。

民族感情，不單只勞動階級有之，卽市民階級中也是很發達的。例如，在瑞士之德國民族的一部分，彰明較著的，對於英法二國表同情，而對於同民族的德國表示反對。又多年住在英美二國之德國人，平常習慣英美語言，及生活樣式，並且在英美二國，已有相當之社會的地位，一到兩國開戰時，毫不躊躇的幫助德國民族，並且更進而服德國軍隊義務，參加戰爭，這都是此次大戰時的事實。這種情形，都是證明民族意識，比那多數理論家在書房內所想的內容，複雜得多了。

這些事實，雖明若觀火，但還有許多社會主義理論家，不甚了解的。他們仍然固執已見，眞是可怪得很！到了近代，他們也有下述的主張，他們說：「社會主義的勞動階級，還沒有到把他們的民族感情，完全丟却，把國際階級的連帶關係，完全理解的地步，雖然他們現在沒有達到那種地步，但是，他們一定會達到的，只爭個遲早罷了」云云。那班理論家，因為要證明他們的理論，所以此時又把個馬克斯抬出來做根據；但馬克斯恩格斯都是一樣，並沒有說什麽「階級意識是排除民族意識的」東西。或是說：「有階級意識的社會主義勞動者，就絲毫沒有民族感情，所以他們決不會受自己國內民族性鬥爭的刺激，而發揮他們的鬥爭本能」云云。像這班社會主義理論家把馬克斯沒有說過的話，硬說是馬克斯說的，豈不是寃枉了馬克斯嗎。

馬克斯並不是「民族主義者，」也不是「愛國者」他是一個社會歷史家。所以對於說明社會現象，民族現象等，當然很有實在的知識。據馬克斯的解釋，民族這個東西，和國家及階級相同的，是歷史發展之產物。據他的觀察，民族是可變化的，不是各時代都同一的。換言之：就是，將來也是繼續變化的東西。照這樣說來，馬克斯也像是說：「進化之結果，民族的傾軋，漸漸的消失，所以各民族的性格，也漸次化爲同樣的」了。但他的主張，是說：民族的傾軋，雖然逐漸消滅，並且爲日極緩在歷史發展過程中也是消滅很慢很慢的，」他把這種發展說明如下。他說：社會上互相交通，那民族間之民族的特別狀態，或民族的傾軋，必定會因次遞之事實，而漸漸的消滅融化。即：（1）商業的範圍，在世界市場上擴充愈廣的時候；（2）各民族組成份子間，社交上經濟上的諸關係，愈加發達的時候；（3）各國的工業進步之後，無論何國，沒有獨占資本及工業並且生活上之各種關係，愈平均的時候，尤其各國國內，若勞動階級獲得國家權力或消滅階級差別之後，那民族的傾軋，必消滅更快。因為一階級不壓迫他階級，或不榨取他階級的利益時，那末，一民族也不至壓迫他一民族了。到這個時候各國家及各民族，必定會想努力追求同一的文化目的。所以有同一目的之國家，就能夠互相提携，以求達到共同文化的目的。最後結果各國民族，就會變為一國際的聯合，而個個民族之意義，當然次第喪失了」云云。

以上的見解，馬克斯恩格斯等，已於「共產黨宣言書中，敘述過了，那宣言書的第二部說：

「各國民之民族的分立，及民族的傾軋，必因下述之事實，而漸漸的消滅。就是因有產階級之發達，商業上之自由，世界市場之擴充，工業上之生產，及利用生產之生活關係，化為均等時，各國民之民族的分立，和民族的傾軋，必漸漸的消滅。到了無產階級執行政權之後，則民族分立，民族傾軋等，消滅更快。各國之——至少也是要文明各國——共同行動，是解放無產階級最要緊的條件。一個人不被他一個人榨取時，則一民族也不會被他民族榨取，一民族內部階級對立消滅後，各民族間之敵對關係，也一定會消滅的」云云。

這種民族間之差別，漸次會消滅的見解，大概如是。至社會上一般人類之是否贊成，全憑各人的自由決定。只是不能由上述的議論就推論說：「馬克斯說過社會主義的勞動者，決不爲民族鬥爭所搖動，而發揮他們的鬥爭本能」云云的話。同樣又不能由那「英國無產階級團結起來」的吶喊就推論說：「馬克斯是說無產階級應立於民族的共同狀態之外的」話。比方大聲疾呼的說：「操觚業者醫生言語學者，其他業者諸君啊！你們要實行你們的任務，應該加入國際的團結！」云云。並不是說屬於此種職業共同狀態的各人，不應該發生屬於自己民族的感情的意思。例如國際勞動協會創立後，法國會員提出「勞動者應該和民族脫離關係的議案時，（Entnationalisierung）馬克斯對於這種提議案，以嘲笑的態度在會議席上表示反對。關於這會議的情形，馬克斯于一八六六年六月二十日寄恩格斯的信中記述如下：（參看馬克斯恩格斯往復稿集第三卷三二八頁）

「法國青年之代議士們（他們自己並不是勞動者），都說：所謂民族性或民族云云，都是一種「不合時代潮流的偏見」云云。這是普魯東（Proadhod）化的斯替涅（Stirner）主義。……我們的朋友拉樊爾古氏等，都說：「把自己之民族性消滅了」云云，會內的聽衆十分之九，都不懂他的法國話，我演說的時候，那英國人也共噴飯的，不願意聽的樣子，我也不管他們恥笑不恥笑，我接着又說：「拉樊爾古氏之否定民族的意思，完全是於無意識之中，說各種民族性，都被法國民族的優秀民衆所吸收了」云云。

但是馬克斯在共產黨宣言中，是不是說過「勞動者沒有祖國」的話呢？不錯！共產黨宣言書中，確是有這句話。但這句話，若和下記的語句，一齊誦讀的時候，他的意思就和普通所想的不對了。那語句是「無產階級的目的第一，就是要奪得政權，立於民族中主要階級（Zur nationalen Klasse）的上面自己構成一個民族。所以由這個意義上推論起來，無產階級，是要求一種無產階級的民族，決不是有產階級之民族的意思。」

無產階級（或勞動者階級）要求變成民族的階級，並且要自己構成一個民族云云的話，究竟是什麼意思呢。若能了解馬克斯之民族概念，和黑智爾（Hegel）主義的人，當然即刻就能夠明白這句話的意思。馬克斯所要說的，就是：「所謂今日（一八四八年）的勞動者，沒有祖國的意思，是因爲勞動者從來沒有參加民族身分的生活，並且沒有享受過民族意義上物質的及精神的貨財之權利。但勞動者遲早必定要掌握政權的，又在國家及民族之內，一定會占支配的地位，他們到了相當時期，他們自己必定可以構成一個民族，在這個時候，他們才能算有民族的存在，由民族的存在，才能有民族的感情。但他們的民族主義，是和有產階級的民族主義，全然不同的」云云。

假設這種解釋是沒有錯誤，那末由以上所述馬克斯的宣言，當然不能推論說：「馬克斯說過民族性，對於勞動者完全沒有關係的」這類話了。我們簡單說來，馬克斯所謂「現在的勞動者沒有祖國」的意思，是因爲他們參加民族生活的範圍很小，幾乎可以說是沒有參加民族生活，但是他們以後，一定可以參加，並且是以他們爲中心支持民族的發展；到這個時候，他們就會有祖國了。因爲他們在民族內所站的地位，是決定他們對於民族之地位的東西。

從前德國社會民主黨中，大概以爲勞動階級對於民族性，或民族的特質，並不感覺有什麼利害關係，所以他們的民族感情，——假設他們稍許有些這樣的感情——絕對不會比他們的階級感情，占優勢。這種見解，由前述的理由說來，就知道和馬克斯之民族思想的見解，完全是不相同的。

這種見解，在歐洲大戰以前，是很流行的，那代表的人物，就是鄂圖寶厄氏（Otto Bau

er）他論「民族性問題」的時候，對於那反對的傾向，毫不注意，直率的說道：（該氏著書中第三七頁）

「階級鬥爭之必然性，能使一切民族分裂。即勞動階級和資本階級之經濟的利害關係，在各民族內，都是對立的。反之，勞動者之利害關係，無論在何民族，也是和其他一切民族勞動者的利害關係一致的」云云。

寳厄氏因從前的勞動者對於所謂民族問題，比較不感興味的緣故，就不推論「將來勞動階級，構成自己本身的民族時，他們的民族意識，必定更爲熱烈」反說：「勞動階級，現在既經沒有民族意識，那麽將來也一定會沒有民族意識」云云。現在把他所說的大概，抄錄在下面：（參看該氏所著「民族性問題與社會民主主義」第一五一頁）

「勞動階級，現在既是沒有構成民族階級（Keine Klasse der Nation）那末，將來能一定不能構成民族階級。勞動階級沒有受過文化財的恩惠，所以這種文化財，還是那沒有因緣的他人占有物。我們看見民族文化燦爛的歷史時，就知道古代民族共產主義崩壞以來，創造一切民族文化的勞動者，反處於貧困和屈從的地位，他們的理想，不是在維持民族的特性，是想根本推翻奴隸他們的一切社會組織」云云。

寶厄氏又說：（參看該氏上述著書之一五二頁）

「除無產階級外，再沒有別的階級，能完全由民族價値解放的階級。所謂無產階級，是什麽東西呢。就是由騷亂的破壞的資本主義解放的階級，又是被資本主義放逐，沒有享受過民族的文化財的階級，並且是對於一切歷史的殘存勢力，公然宣戰的階級」云云。

世界大戰當時及大戰結束以後，差不多一切國內，——勞動階級之中也是同樣——都有民族運動的勃興，這種現象，是證明寶厄氏主張之錯誤再好沒有的東西。

第六章　民族和國家的關係

歐戰結果所生的反動思想——那思想的錯誤因爲是沒有根據辦證法——民族感情和其他各種感情的關係——國家共同狀態和民族共同狀態的互相作用——民族傾向和國家傾向一致的情形——民族傾向和國家傾向矛盾的情形

德國社會民主黨大概認爲勞動者沒有民族意識，只有階級意識，前章已說過了。但歐戰結束以後，他們又變了主張。把這次的歐戰經過看來，他們才知道民族思想之威力了。因爲民族競爭最劇烈的時候，那民族思想能把一切階級的差別，都可完全放棄。這種見解和前述之「勞動者與民族性全無關係」的見解，都是一樣的，沒有理解馬克斯辦證法的歷史發展觀念。所以就生出種種的誤謬。第一，這種誤謬是由於沒有區別「國家」和「民族」而起的。即是沒有區別「民族」和「國民」（Staotsfolk）是相異的東西。並且不明白「民族」和

「國家」——卽政治的統制組織共同狀態，和政治的生活共同狀態，——也不是同一意義的東西。這就是沒有懂得國家意識和民族意識是互相依存的道理。第二，據馬克思的見解，「民族」和「國家」都是爲歷史發展所牽制的共同狀態所以民族和國家之關係在種種發展階段中，都是常常反覆互相影響的；並不是單純作用所能成立的，把那民族思想征服階級差別的見解，輕輕的看過了。所以有這種錯誤。照這樣看來，民族思想，在今日，因歷史的證明，雖說是博了無上的勝利，但不能謂將來也可以博同樣的勝利，做爲永久征服階級差別的證據了。況且制勝的原因，不單只那民族思想，還有民族感情，鄉土感情，國家感情，及身分感情等。這些東西，都一概包括在民族思想，及民族感情的名詞之內。比方，就這次大戰中，在戰場勇敢奮鬥的多數人民，使他們馳驅疆場，不顧性命的原因，並不是因民族感情，或與全民族運命有關係的感情；乃是因鄉土感情，或鄉土和住民聯絡密切的感情。又從他一部人們觀察之，——勞動階級也是同樣——他們可以不顧性命，馳驅疆場的原因，完全是爲國家感情所衝動，即是：第一，他們想誇示自已之生活地位，及國家之世界的地位第二，又想誇示本國之經濟生活，和政治制度。再切實說一句。這種國家感情，雖有程度的差別，但大概和鄉土感情，及民族感情混成一處，激動疆場的戰士，使他們努力奮鬥的。

在戰時狀態，一國民之民族思想，是很濃厚的。並且能波及於那沒有民族思想的各階級。但是，國家思想比民族思想更加濃厚。我們由社會學上，不可不把後者之感情，和前者之動機，嚴密的區別。因爲民族感情這個名詞，包含民族思想，和國家思想兩種概念，假若不把這兩個概念區別，就會與那不區別階級，國家，民族，等同樣的不明瞭，而且容易招人誤解。

國家共同狀態，和民族共同狀態之間，有許多活潑的互相作用。國家和民族兩者之利害關係，兩者之維持生存和擴張地盤之傾向，屢屢混合一致，不能分開的。所以國家的努力，對於外部表現，常認爲民族的努力。即政治學文獻上，也都說這是民族的努力。國家和民族兩者，須在下記條件之下，才能互相作用，即：第一，所謂民族國家，須該國住民屬於同一之民族，否則形成該國家之一民族性須絕對占優越的地位，其他被合併之異民族，對於該民族性之集合團體完全沒有反抗作用。在這種國家內，國家之權力，目的，及利害關係，和民族之權力目的及利害關係，常常是一致的。所以欲把這兩者分開來說，確是一種很困難事情，又這種民族國家，有時因民族同屬感情，或因國家動機，往往和那與自己領土遠隔而言語性格相同的民族相合併。所謂國家的動機，——呑併他國土地之動機——就是確保軍事上境界，或因人民的發展，而抬高自己國家的地位，或因併呑豐饒的土地，而改善自己之經濟狀態。老實說來國家的動機，就是有國家侵略的性質，不是完全民族的性質。但普通政治學書中，仍說這些動機，是「民族」的要求，這就未免過於論人了。此外，還有各種動機，例如國家要想保全他的航海權，必思所以合併其隣近異民族的地域，要獲得供給本國原料的地方，必定會想侵略他國之殖民地，或交換殖民地。這些事實，都是國家的侵畧，和民族性，沒有什麽關係，而普通政治學書中，偏說是「民族」的要求，眞令人莫名其妙了。

以上是主張民族傾向和國家傾向一致的說明。現在更須說明民族傾向和國家傾向相矛盾的事實，若兩種傾向相矛盾的時候，就會發生一傾向完全支配他傾向的事實。比方，大戰以前的奧地利匈牙利，是由各種民族集合而成的複合民族性之國家（Nationalitaten Stact）在這個國家裏面各地方之特別民族的利害關係，已把國家的同屬感情完全抑壓漠視了，這就是一個好例證。

國家感情和民族感情兩相對立的實例，還有一個。即是沒有復歸德國以前的什列斯威（Schleswig）好斯敦（Holstein）亞爾薩斯（Elsass）等地方，都是如此。一方，在好斯敦及南什列斯威一帶，完全是屬於德意志民族的感情，所以一七七三年以來，雖然全土為丹麥所占領，但是住民等仍努力希望德國合併。一八四八年三月十八日在稜得斯堡（Rendsburg）所開什列斯威和好斯敦議會之代議士，甚至要求什列斯威加盟德意志聯邦，這是人人所共知的。他方在德法戰爭（一八七〇年至一八七一年）以前亞爾薩斯人之大多數和什列斯威好斯敦二地同樣，是屬于德意志民族，但是，他們不願意和德國結合，他們以爲法國是他們的祖國。還有一部亞爾薩斯人專說德國話，由言語共同狀態上看來，誰也不能說他們是應屬於法國，但是，他們老不願意和法國脫離。這是因爲他們相信在法國支配之下，反能保護他們的政治上及經濟上之利益的緣故。在這種情形，所謂國家同屬感情，已將民族同屬感情的大部分壓倒了。

第七章　民族國家

國家傾向和民族傾向有區別之必要——民族國家成立的經過和馬克斯恩格斯的見解——大民族國家結合的趨勢——統一傾向和勞動階級解放運動——恩格斯所發表「建設新德意志帝國的强力與經濟」一論文上的見解——恩格斯寄馬克斯書中之見解——民族傾向和民族國家的發展是歷史的必然性但發展的正當標準又是文化的進步——恩格斯「遺稿集」中之見解——恩格斯發表於「國民報」上的見解

國家感情和民族感情，須正確的區別，以免誤會，前章已說過了。這兩種感情，正和民族感情及階級感情一樣，有互相補足、互相協助的作用。又有互相對立的反作用。從前因爲沒有把這兩種感情正確區別，所以對於民族問題和國家問題的批評，都是牽强附會，謬說流傳。比方一國國民，對於本國領域外而和自己同一民族性之住民，欲努力合併，以成立包括全體民族的國家時，普通都說這不過是「民族的傾向」「民族統一之渴望」或「民族統一之努力等等語句罷了。其實，那努力的裏面，還含有擴張該國家勢力範圍及經濟範圍之意思。民族共同狀態，確是有主張擴大自己勢力，並且合併近隣同種民族團體的意思。我們概觀今日大民族國家的發展史，就可以知道：大民族國家並不是由平和的方法漸次融合而成的；乃是由征服種種小民族，及合併小民族的方法而來的。換句話說：這些小民族，受那國家行政規律，及同一歷史的約束作用，到了統一之後，才慢慢的融合爲一民族。比方，今日法國民族是由羅馬化的克勒特族（Kelts）佛郎克族（Frank）哥德族（Goths）阿勒曼泥族（Alemanni）諾爾曼族（Norman）意大利族（Italien）成立的。這些民族，組織國家的共同團結以後，才構成全體的統一民族。夫勒米族（Flemisth）不列顛族（Bretone）

意大利族(Italien)西班牙族(Spanien)各民族中的小民族，則不在此例。

歐洲之大民族共同狀態，都是由這種融合過程所成的。民族團體形成之後，才有民族意識，才有擴張國家領土之努力，以助長民族之發達。當十六七世紀時代，歐洲之資本主義，漸次勃興經濟關係也日趨繁盛，因小經濟區域，不能應付時代潮流，所以就有那種組織大統一國家經濟區域之要求。這也是進步必然之趨勢。所以擴張國家領土的努力，也漸次增加了。一切民族，都由這種努力統一於一大民族國家之後，那種領土膨脹的渴望，也不决會因之中止。但到了這個階段，那膨脹欲望的方向，就變爲侵略異民族，或異民族之領域，强制他加入自己國家團體內。若幸而成功則又更進一步，極力擴大領土，實行統一世界，而向世界國家的方向進展了。

以上所說民族國家的發展過程，是馬克斯和恩格斯的見解。他們以爲大民族成立的時候，即是歐洲形成大國家共同狀態的時候。又是恩格斯一八四九年所說過「大君主政體變爲一種歷史的必然性」的時候。在這個時候，所謂大民族國家，就將散在各處之民族，一齊結合使他們服從同一國家的指導，這就是民族國家成立之經過。馬克斯已於一八四八年九月二日「新萊因報」上關於法國成立的論文內，曾說明這種現象了。

恩格斯又於一八五二年四月二二日「紐約報」上發表一論文，說明這種民族國家成立之原理在德國也能適用。即與德國同種族之斯拉夫國民(Volker)最初侵入易北(Elbe)及紫勒(Saole)東方地域，後來受西部德意志諸國之影響，漸次被他所征服同化，最後，遂完全變爲日耳曼民族，這就是德國成立之經過。

歐洲之各大民族的成立，也是同樣的。即最初，由征服合併，結局則由同化而成立的。所以一般人都說：在大民族之中，總有一部分是「劣敗的民族」。爲什麼叫做「劣敗的民族」呢。就是每一地域內，原有居民，他們受「優等民族——歷史發展之責任者——的迫壓和束縛」，結果，遂漸次變爲生存競爭之劣敗者，殘存於大民族之中，這種民族，就叫做「劣敗的民族。」

大概結合國家的大民族，一旦成立後，又更進一步，把那不在自己領域內之部分，而屬於自己之民族，同時合併，構成他們統一的國家。即所謂構成大民族國家之傾向便是。馬克斯及恩格斯都以爲這種傾向，在民族國家歷史的發展過程上，是必然的現象。因爲這種過程，是達到大民族國家經濟複合體所必由之路。不單是不分散那大規模的生活共同團體，並且還要綜合或統一那些共同生活團體。由社會學上考究起來，民族國家的發展形態，最初是一種遊牧羣類，漸次發展，就變爲血族團體，部族團體，由各部族之結合，就成立古代的都市國家；經過中世紀封建制度後，一直到現在，乃變了有產階級的大民族國家，更進而聯合各大民族國家，將來或可變爲世界國家了。所以在各民族歷史發展階段中，不唯不把各種小民族分散，或產生新民族，反把他們綜合起來，成立種種大民族之複合物。

據馬克斯之見解，謂若能照上所述的發展，將來對於勞動階級，也很有利益，什麼緣故呢？因爲勞動階級在今日大民族國家裏面沒有獲得國家的政權，以前那種妨碍階級意識的民族觀念，無論如何，是不能廢止的。到了世界大同後，既無所謂國家，那民族觀念，當然消滅淨盡，而階級意識，自然會發達了。又恩格斯在他的「新德意志帝國建設之强力和經濟」論文中，也有同樣的意見，他說：（參看現代第十四年度第一卷六七九頁）

「中世紀末葉歷史發展之趨勢，歐洲的局面，完全是各大民族國家所構成的。只有這種大民族國家，才是支配歐洲資本主義正當的政治統制組織。這種國家，一方，是成立無產階級支配所不可少的前提條件。他方，又是確立各國民間之協調的國際共同動作，所不可少的前提條件。若欲確保國際的平和，須廢止一切民族間之傾軋，並須各國都有他的獨立主權，才能成功。於是農、工、商各業之發達，那有產階級社會的地位，就日益增高，所以民族感情，也日益旺盛，結局，那散居各處被壓迫的民族，當然希望統一和自主」云云。

一八七〇年至一八七一年德法戰爭時，馬克斯及恩格斯都很希望德國得勝，極力宣傳，大概也是由於上述的動機而來的。他們以爲，「德國若能戰勝，一可以確立德意志民族的統一，二可以抬高德國在歐洲經濟的地位。如是而德國之勞動階級，也可以乘機蜂起，增加勢力，而開歐洲社會主義運動之先河」云云。所以一八七〇年八月十五日恩格斯寄馬克斯書中說：(參看恩格斯馬克斯往復書翰集四卷三一九頁)

「我以爲德國是爲自己民族生存，才和拿破崙三世戰爭。假設德國也敗於拿破崙三世之手，那麼拿破崙主義不知道橫行到幾時。恐怕德國也不出十年間，就變爲一個劣敗者了。德國既敗，那民主的德國勞動運動，當然不成問題，同時消滅的。那時候因爲民族生存，從事鬥爭，當然放棄一切運動。而德國的勞動者，也必定會步法國勞動者的後塵了。反之若德國戰勝，則法國之拿破崙主義，一定崩壞，而建設德國統一之論爭，也可以從此告一段落。又德國的勞動者，能創造或組織新興的民族規模，法國勞動者，則以爲將來無論組織什麼政府，總比在拿破崙主義之下，較可獲得自由活動的舞台；德國各階級之民衆全體，都以民族的生存，爲現在第一緊急問題。他們隨時加入戰爭，也是爲要求民族的生存而起的。在這種趨勢之下，所以德國的政黨，決不會對於威廉一派的議案等有妨害的情事，又決不會把一切附屬的動機（戰爭的動機）置於主要動機的上面」云云。

據馬克斯及恩格斯的見解，凡民族向民族國家發展，是一個歷史上必然的事實。但不能說，無論什麼國家都有以武力征服本國領域外同一民族之權利。又無論什麼國家，也沒有使嗾他人，實行民族解放戰爭之資格。目的雖屬正當，手段未必合理。一民族團體之孤立部分，因歷史的發展關係，和（自已民族以外的）甲民族國家合併後，那民族在甲國，雖有文化發展之可能性，及文化發展之手段，並且因政治上經濟上之理由，再不願和甲國以外的乙國合併時，那甲國也沒有强制解放這個孤立部分的權利。據馬克斯說：「國家正當的結合，是文化上之進步。但努力建設大民族國家並不是根據各民族間之神聖的權利，還是根據歷史的發展方向而來的。換句話說：大民族國家之成立，就是根據一個歷史的必然性而來的。所以假設沒有這種歷史的必然性，那末雖用暴力去解放那種不欲解放的民族集團，也不能算是正當的辦法。恩格斯也於一八四九年二月十五日「新萊因報」中說：（「馬克斯恩格斯遺稿集」三卷二六二頁）

「假設德國民主黨，公開他們的黨綱，因爲亞爾薩斯（Elsass）洛林（Lothringen）和比利時——但比利時，無論從何方面觀察，都是屬於法國——等地方的住民多數是德國的緣故，要求法國返還時，那末世人對於這種要求，將怎樣的批評呢。又假設德國民主黨員欲建設由德意志丹麥瑞典與英國荷蘭等國而成的「汎日耳曼同盟」以求達到解放一切通用德語的國家，那末世人將怎樣的嘲笑他們呢。」

恩格斯又把這種思想，敍述於「民族性問題」的一論文中，此論文於一八六六年三月

三十一日在倫敦「國民報」上發表的：（參照「社會主義及勞動運動史」雜誌第六年度第二一五頁）

「國家之境界，和民族性之自然的境界即國語通行的範圍，决沒有完全一致的。比方，法國國外，通用法語的人很多，在德國國外，通用德語的，亦復不少，就將來也許不會有變化的。有許多民族，除他們的複合體外，還有支離破碎的部分，散居於各處。這些散居的各部分，當然較他們那複合體的民族感情疏遠得多，所以其結果，他們不願意復歸於自己原有的民族團體了。這是歐洲過去千餘年之事實，歷史上徐徐發展之自然的結果。所以在瑞士及亞爾薩斯之德人總不願意和德國合併；同樣在比利時及瑞士的法人也不願意復歸於法國都是這個道理」云云。

第八章　民族問題和民族性問題

馬克斯和恩格斯的觀察點——他們否認弱小民族國家自主運動之根據——民族自決權——恩格斯對於民族問題和民族性問題的區別——「國民報」上所發表恩格斯之見解——恩格斯所謂民族的權利——否認民族自決權的根據——恩格斯對於巴枯甯(Bakunin)的設評——汎斯拉夫主義鬥爭之世界觀的基礎和馬克斯主義之世界觀的基礎——恩格斯於「波河及萊因河」(Pau und Rhine)論文上所發表的見解——考茨基之「民族自決權」的理論基礎——他立論的混亂——市民的民主主義和馬克斯主義——馬克斯和恩格斯對於「國民自決權」的解釋——考茨基氏之「主義」和「權利」的混同

馬克斯和恩格斯都不贊成一般民族國家，對於他所屬的主要民族，其散居於本國領域外之部分，也無條件的要求合併。前已說明過了。據他們兩人的見解，以為這種合併權利，看是否有利於民族之進化而決定的。就是，如有利於民族之進化，可以合併，否則不必合併。再詳言之：那種合併，「對於勞動階級之發展和勞動階級之將來的支配，是否有效」而決定的。馬克斯恩格斯更不贊成，已經合併在一大國家內之小民族，脫離這個國家而獨自建設一新國家。或要求合併於能擁護民族權利的他一國家。據一般的觀察，大概的民族國家，所以想合併屬於該國民族性，而散居於國外的部分時，都是根據社會的發展過程，並且和社會發展歷史的傾向相合的。這種趨勢，馬克斯也認為是社會主義發展歷史的前提條件。反之，文化落後之弱小民族，所謂「國家的自主」這種話，不獨與一般歷史的事實相矛盾；並且和上述「諸國民之破產者」「民族之花苞」及「諸國民之小部族」——恩格斯氏把這種言語來表現那文化落後的弱小民族，——等結合，或同化之社會發展傾向，也是相反的。這些民族之國家的自主，一般說來，縱然能夠成立，但這樣成立的小國家，要和其他大國家，或大經濟共同團體，相與發展抗衡，那是萬萬不能的。這種國家，對於四隣之大國，其政治上，經濟上，皆是處於從屬的地位，再經過相當時日，那國家名義上之獨立，及實際上之主權，結果、必同時消滅喪失。不但如是，凡由複合民族性成立之國家，再分裂變成小民族時，不單只使進步的經濟生活狀態，墮落退縮，並且妨碍經濟上之重要發展，甚至從前希望永久發展之根第，亦從此完全凋敝，也未可料。

馬克斯恩格斯，本是反對所謂「民族性主義」或「民族自決權」，尤其是「民族完全自主權」的兩個人。現今德國之社會民主黨，對於這些權利，還是在他的宣言書內，公然承認，這也不能是證明誤解馬克斯的民族發展觀念能了。恩格斯對於民族問題，和民族性問題，有所區別，他說：民族問題，是因大民族欲組織所謂「民族國家」，努力合併其散居於領域外相同之民族的問題；民族性問題，是弱小民族圖謀國家自主之欲望的問題恩格斯氏以爲這兩個問題，應有嚴密的區別。所以他於一八六六年三月三十一日在「國民報」上叙述他的見解如次：（參看 Grünberg 雜誌「社會主義及勞動運動史」第六年度第二一四頁）

「波蘭之要求獨立，也不外是承認「民族性主義」罷了。有人說，這種主義，是拿破崙主義者的一個發明，就是要專制主義長存於佛蘭西的意思。然試問民族性主義，究竟是什麼東西呢。

一八一五年，拿破崙敗後之條約，與其說是因外交之協商，毋甯說是服從當時大陸强國俄羅斯之指揮命令；根據那種强權的條約，所以劃分歐洲諸國境界時，對於各國住民之願望，利害，及民族之差異等情形，到完全沒有顧及。所以波蘭德意志意大利等國，都可說是已經被人宰割。至於那不明白當時實情的歐洲東南部之弱小民族，更不庸說了。因此，波蘭德意志意大利等國，對於一切政治運動，都以民族統一之再興，爲第一步。他們以爲無民族統一的民族生活，是一種空泛的生活，沒有什麼價值。所以一八二一年至一八二三年意大利和西班牙之革命騷動平靜後，又有佛蘭西一八三〇年之七月革命。以後歐洲文明各國激烈的政治家，遂互相聯絡，發表一種共通綱領。這個時候，凡是解放被壓迫民族或結合被分割民族之運動，他們都叫他爲一種共通的運動。到了一八四八年，被壓迫民族，又增加了一個，就是匈牙利。凡屬大民族對於其分離之小部族的內政問題，只要在不侵害他的自由範圍以內，事實上已有自動的處理該小部族內政的權利云云。

歐洲各國民主黨，都承認大民族的各部分，有他的政治獨立權，並且有些國家，已得了勞動階級之承認。凡大民族團體，能夠生存，自不用說，但是若承認他們個個的民族生存權，就是事實上，和承認各國勞動階級之生存權一樣。這種民族生存權之承認，與民族要求之同情，也是限於歐洲歷史上强有力的民族。例如意大利波蘭德意志及匈牙利等國，便是至於佛蘭西西班牙英吉利斯干的那維亞（Scandinavia）等，一則沒有被人宰割，二則沒有受過他國的監視，所以對於這種問題，不過有間接的利害關係罷了。但俄羅斯是個什麼情形呢，我們可以把他看做一個「兼容並包的贓品財產保管者。」這種財產，將來一到淸算時期，還是要一一償還的。

根據「神和國民之恩惠」的拿破崙第三，於一八五一年，劃分各國的境界後，他以爲一般人必贊仰他的外交政策爲民主的平民的了。他的旗幟既以民族性主義爲號召，他做了多少爲民族主義利益的事呢。民族應該是自己運命之審判者；一民族之孤立部分，應該許可他合併於自己所屬之母國，所以稍另注意一看，這種主義，已經不是民族問題，實在是民族性問題了。

歐洲的國家，常於同一政府之下，統一種種的複合民族性。例如高原地之蘇格蘭人和威爾斯人（Wales），明明與英國人之民族性不同，而居然受英國之統治。又國家之境界，和民族性之自然的境界，即國語通行範圍，決沒有完全一致的。比方在法國國外，通用法語的人很多。在德國國外，通用德語的人，也是很多。——這種事實，將來也許不會有變化的。有許多民族，和他自己的複合體分散後，常支離滅裂的，總沒有存在一處。所以不能和他們自己的民族生活融和，反和他種民族生活一致。所以他們也就不願意再復歸自己民族的本源了。這是歐洲過去千餘年歷史發展之自然的結果。在瑞士及亞爾薩斯之德人，總不願意和德國合併，在比利時及瑞士之法人，也不願意復歸法國，都是這個道理。除這樣歷史發展自然的結果外，還有很大的利益。即異種民族，各自構成他們的獨立國家時，大概包含他種民族要素。因此，第一能夠和近隣國家聯合，第二又能夠變化民族性格之單調性，這就是有利益的地方。

照上面的說明，推論起來，我們可以明白以下的事實。即民族性主義，和那民主主義，勞動階級的見解——這種見解，是關於歐洲大民族分立及獨立之權利的見解，——之間，有一種相異的事實。所謂「民族性主義」和歐洲歷史上國民之「民族的生存權」—

完全沒有關係。若民族性主義有論到民族生存權問題的時候，那末一定會把那問題，弄得更一塌糊塗了。「民族性主義」所論的問題有兩個。第一，是歷史的大國民間之境界問題；第二，是各國民無數的小部分——這種小部分，在某時期內，都曾活躍過於歷史舞台上面的，——之問題。就是這些份子，是否應有一個獨立民族的生存權之問題。至於那歐洲之意義如何，一國民之生活能力的意義又如何，在這些民族性主義者的眼中，都是全不成問題的東西。他們認爲成問題的，就是那瓦拉偕伊國（Walachei）（Rumania 之 Donau 王國）之羅馬尼亞人。因爲羅馬尼亞人，不獨過去沒有一些單獨的歷史，並且現在也沒有創造歷史之必要的精力。據民族性主義者之見解，謂威爾斯人和曼科斯曼人（Manxnan）（住于愛爾蘭海島之基爾 Gale 人）假設要求民族獨立的時候，不管那要求是否合理，都應該和英國人同樣的，給他們以政治的自主權。這些見解，都是不合理的。就和那穿時髦衣服的一樣，專爲想對傍人誇示，以眩惑俗人的眼光罷了……。

民族性主義，可以適用的地方，就是歐洲之東部亞細亞人反覆侵入歐洲的潮流，實已經過了千多年。在那邊遠的地域，還存有種種民族性之混合團體。這種混合團體，雖人種學者也不能區別他們。如土耳其人芬蘭系之馬鴐爾人羅馬尼亞人猶太人及十餘種之斯拉夫族，混在一團就和織布一樣，生出無限的血族關係，及無限的連帶關係」云云。

（註）馬克斯和恩格斯的見解，本質上是相同的，馬克斯自己提出的問題，往往請恩格斯代他說明，就是這個道理。

若論到「權利」問題，在恩格斯以爲「由政治的強力而分散的大民族，當然有再行結合的權利，並且有結合的可能性，但是也只能有這種權利」云云。那種權利，雖然國法上沒有規定，但民族發展之過程，大概是傾向於形成大民族國家。所以那種權利，可以說是歷史上的權利，再正確的說來，就是在歷史發展上有根據的一種權利了。但承認這種權利，又須有兩種條件：第一要有生活能力，第二要具有各大文化民族之資格，才能有這種權利。恩格斯以爲雖是大文化民族，也須在「不侵害他種民族自由」之範圍內，才能有這種權利。假設一大國家，沒有提高各種民族之文化，和同化這些民族的能力，恩格斯以爲這種國家，也當然沒有任意合併他們的權利。何況那普通的小民族或小民族的份子，要求自決權呢。現在我們應研究這種權利，有什麼根據呢。據阿魯夫(Christian Wolf)氏說，這種權利之充分的根據，是存於「人類和事物之本性中。」而那種所謂「儼然行星」一樣，不能讓與，也不能毀壞，掛在天空的「神聖法，或自然法」馬克斯和恩格斯，都不承認的。他們只承認兩種法律：一種是國法，即由國家共同狀態認可之成文法律；一種是社會法，即是歷史的生產過程中，社會互相作用之必然的規律。換句話說，就是有社會性之沈澱物(人類)實行于歷史的生活過程中之法律。但是少數政治家所主張之「民族自決權，」由國法上說來，不能通用，又由社會法上說來，也是不能適用。因爲在歷史發展過程中，歷史所告訴我們的，不是新民族之不斷的生成，和國家的自立，乃是弱小民族之分裂，和大民族之吸收。依此說來，那民族自決權，當然是不能成立的。

汎斯拉夫主義之鬥爭，起於前世紀之第四十年，大概是用「正義」，「各國民之平等」，「各國民之主權意志」，「伸張自己的權利」等種種標語，以表現鬥爭。在馬克斯和恩格斯的心目中，對於這種標語，只有捧腹絕倒罷了。恩格斯于「新萊因報」上（一八四九年二月一日）答復巴枯甯氏（Micheal Bakunin）「告斯拉夫民衆」之論文，說道：

「「正義」，「人道」，「自由」，「平等」，「友愛」，「獨立」——這些標語，都是在汎斯拉夫主義之宣言中，常常發見的。但都不出乎道德範疇之外。這些話聽起來似乎是很美妙，很光明的，然好細想來，對于各種歷史問題，政治問題，又是風馬牛不相及了。任你如何熱烈的希望「正義」，「人道」，「自由」念茲在茲——但事實上是不可能的，並且不會生出來的。縱然千呼萬喚，也是髣髴水底撈月，無非一種空洞的幻想罷了。……

關於汎斯拉夫主義之鬥爭，學者有很多的議論。而大概都以「自然法」為枝葉，以「個人」為根本，推討他們的理論。所以馬克斯和恩格斯，把他們的議論，看做一種沒有實在的「觀念」了。那班汎斯拉夫主義者，根據當時占優勢之英法式的自由主義，社會觀念，——即以「自由人格」個人權，為社會法的基礎，而構成的社會觀念，——力說個人應有自決權，更推論說既然個人有自決權，那末由多數個人結合而成之民族，也當然有自決權。所以他們民族自決權之議論，完全是根據個人自然權演繹而來的。

社會主義者馬克斯和恩格斯則不然，他們兩人，都是把那權利之基礎，看做是一種幻想。他們以為個人權利的基礎，是因社會法而決定的。但社會法不是以自然的個人為基礎，而構成的。所以一定之權利基礎，是一種幻想。他們說：「社會是歷史的產物，個人是社會之一部分（份子），不是單純的自然的存在，乃是一個社會的存在。個人之衝動和感情思想和行爲，及所謂「人權」等等，都是完全根據社會的東西。那末決定個人之權利，並不是個人之自然的衝動，和自然的性質，乃是社會之安危了。又社會不一定是服從個人之權利要求的；反之，那個人要求權利的時候，則非服從社會發展之各種條件不可」云云。

吾人現在更急欲研究的，就是馬克斯和恩格斯都說「文化落後之弱小民族，被大民族國家併呑吸收殆盡，乃是這些小民族之歷史的運命。」例如恩格斯於一八五九年在他的「波河及萊因河」一名文上說：

『無論何人，必不會說「歐洲之地圖，已永久決定了，鐵定不變的」一話。但一切變更之趨勢，只要那變更有繼續的性質，則無論如何，那強而且有生活能力的歐洲各民族之自然的境界，——因國語與民族的感情，而決定的境界，——一定，會天天擴大的。同時，那散在各處的小民族，一定會沒有民族生存的資格。所以他們或爲大民族所併呑，或失却政治的意義，做爲人種學上之古代藝術品，維持生存，二者必有其一』云云。

「馬克斯謂由自然法不能演繹那「國民自決權」，考茨基氏也承認的。不過考茨基想由別種基礎論定這種自決權。——他對於「自決權」之基礎的見解說：「我們不單是社會主義者，又是民主主義者，自決權這個東西本是歷來民主黨所主張的一種基本權。所以我們不得不承認各民族之自決權」云云。他又以熱烈的態度質問說：「然則民主主義鬥爭，除却爲獲得國民自決權之外，試問還有什麼意義？又假設，我們根據國際民主主義，可以要求自決權，其他一切國民，就不能平等的要求這種自決權，那國際民主主義又如何能實現呢？

這些話聽起來，似乎是很合道理。但是這種話，完全是證明考茨基第一沒有區別「國民」，「民族」，「國家」諸概念，第二沒有理解「社會主義的民主主義」和「自由主義的民主主義」之區別。假設有人說「所謂『民族自決權』——即由某國家解放自己民族，僅以自己民族組織一國家的權利，——是根據民主主義的見解所發生的當然結果」云云的話，那麼，馬克斯和恩格斯，豈不是對於他們民主主義的信條，沒有說出一貫的結論嗎？若不然，他們豈不是虛僞的民主主義者嗎？又假設完全是眞的，那末在馬克斯的時代，極力反對民族性主義的普魯東派社會主義者，也和馬克斯恩格斯同樣，當然不能要求別人叫他們爲民主主義者了。至於那些法國大革命的偉人，更不用說了。退一步說，假設這種民族自決權，原來是市民民主主義的一種基本權，但是對於馬克斯主義，還不能說是完全符合。因爲馬克斯主義不是僅僅含有社會主義要素的市民民主主義，乃是一種特別社會主義，而且這種主義，是和有產階級民主主義內的個人自由主義相矛盾的。所以馬克斯主義，是由市民民主主義的原則及權利請求中，只繼承那種和社會主義的見解不相矛盾的理論罷了。

馬克斯和恩格斯解釋「國民自主權」說：「國民自決權，是組織國家的國民，支配自己本身的權利。換句話說：就是各國民決定他國家的支配形態，和法律的權利。——卽關於政治上有爭論的問題，國內沒有一種統一的國民意思時，須依國民多數派的意見而決定，少數派只有服從多數決定的義務——的意義」云云。至於那國家共同狀態中，假如有某部分，因民族的，政治的，或宗教的理由，反對多數派的意思，就和原有國家共同狀態分離；分離之後，另於國家領域內，建設一新國家，或與近鄰國家相合併，諸權利，都是馬克斯恩格思所絕對不主張的。他們兩人的主張，是說：「假設有一文明進化的民族，被一國家合併後，只要證明該國家已完全不能支配該民族，並且不能使該民族的文化向上時，——換句話說：那民族的文化，本來有向上的能力，若還要受那不進化的國家支配，這就反為政治上及文化上進步的一大障碍，在這個時候，——這個民族，當然有解放自己的權利，但是，那種權利，並不是根據什麼自決權而來，乃是由政治的文化的理由而發生的。」

此外，考茨基的理論根據，有時把「主義」和「權利」都混同了。好像和馬克斯主義「牛頭不對馬口。」「小民族有自決權，卽是認國家有自主的權利」這種見解，只可說他是民主主義的一種主義，或民主主義的一種要求，但民主主義的權利這種話語，不外一種擬制罷了。試問，一般所說的民主主義，自由主義，保守主義，僧侶主義等等之特殊的權利，存在什麽地方呢？這種「某某主義的權利」的論調，都不外是根據一定的原則，一定的見解，一定的希望，——大概是某政黨一時的希望——而發生的權利要求罷了。但是各政黨這種權利要求要到什麽範圍，才能變爲事實上的權利呢？從前，「主張自決權，是民主主義的一權利」也不過是下記的意思。卽是自決權是自由民主主義者，——並且是這種民主主義者一小部分——所提起的「權利之要求。」

第九章　馬克斯所謂民族性主義和政治進步

研究馬克斯和恩格斯對於民族性問題態度的最好方法——恩格斯於「國民報」上所發表「的波蘭問題的批評」——恩格斯批評波蘭人性格的兩封信——馬克斯和恩格斯爲什麼不希望波蘭再興的緣故——恩格斯在「新萊因報」上所發表的見解——「國際勞動協會紀錄」中所載馬克斯的見解——他們的觀察點重在文化進步——馬克斯和恩格斯主張巴爾幹各國民解放運動的理論根據——恩格斯在「紐約報」上批評東方問題——馬克斯和恩格斯希望建設一大南斯拉夫聯邦或樹立希臘帝國——馬克斯對於這個問題的議論——馬克斯說明愛爾蘭獨立運動的根據——他對於這個問題的一封信——

社會民主黨所採用的「各國民的自決權」和馬克斯主義完全相矛盾，

我們若要完全理解馬克斯和恩格斯對於「民族性的態度」，當然須用種種研究方法，去探求他們的意見。最好方法，就是考察他們要求巴爾幹的斯拉夫人，波蘭人愛爾蘭人組織獨立國家的理由，由什麼動機而來的？換句話說：就是考察他們對於這種「解放」有什麼思想？他們對於巴爾幹半島之小民族，及以前波蘭王國之小民族的「自決權」所注意的程度如何？若能把這些動機澈底了解，那末馬克斯恩格斯兩人的思想也自然會明白了。馬克斯對于上述的要求，並沒有附與所謂權利的關係，或權利的基礎。尤其是恩格斯反對根據這種權利，或自稱為民族性主義者，要求波蘭復興。恩格斯于一八六六年五月五日在「國民報」上發表關於政治狀態的第三論文中，對於那些根據民族性主義而要求解放波蘭的自由民主主義者，極力反對，他說：

「我們暫將關於民族性的理論，做為適用於波蘭。——波蘭也和歐洲各國同樣，住着種種民族性的國民，其住民之大部分，卽其住民之中堅份子，當然是由用波蘭語之波蘭人所構成的。但是一三九〇年，（應該是一三八六年——著者）以後波蘭和立陶宛(Lithuania) 大候國結合了，直到一七九四年波蘭最後瓜分時，這立陶宛大候國，還是占着波蘭共和國的重要部分。這立陶宛候國住着很多種類的人種，波羅地海北部諸地方，被原有的立陶宛人所占據。這種立陶宛人和他的隣國斯拉夫族言語完全不同，但他們以後，又被德國人之移住者征服了。——但這種現象，反使德國不便對付立陶宛大候國。又今日波蘭王國的南部及東部，被白色俄人所占據，他們所用的言語，不是波蘭語，又不是俄國語，是一種波蘭俄羅斯兩國之混合語，却又稍近俄國語。最後，南部各地方，居住的小俄羅斯人，據今日言語學者，說他們的言語和通常所說的俄國語，完全不同。照這樣說來，無論何人都不能說他自已是根據民族性主義，而要求波蘭復興的了。因爲波蘭之復興，至少也須由四種民族性以上，而建設一國家的意思」云云。

所以恩格斯不唯直接反對所謂「根據自決權的波蘭復興論，」他至少也不贊成波蘭內其他的三種民族有自決權。但是恩格斯還要求「波蘭的解放，」什麼緣故呢？他並不是仰慕波蘭的文化，又並不是偏愛波蘭的風習。他對於波蘭人的性格態度，可於他一八五一年五月二十三日，寄馬克斯的信中看出。他對於波蘭人所下的批評，絕對沒有什麼客氣的地方，那信中說：（參看「馬克斯恩格斯往來書稿集」第一卷第一八九頁）

「我越發研究歷史，越發明白波蘭民族，是一種「自己分裂的民族。」俄國還沒有到農村革命以前，他一定能夠利用這種民族爲手段的。換句話說：這種民族，總是受俄國利用的。但是俄國農村一旦革命，波蘭就絕對沒有存在的理由了。波蘭人一直到現在，除了在歷史上有些好勇鬥恨的愚行外，完全沒有什麼可貴的成績。對於俄國也沒有表示過什麼有效的進步，也沒有做過什麼歷史上有意義的事情。反之，俄國對於東方各國，實在是進步；俄國的支配狀態，雖然是斯拉夫式的俗惡不堪的樣子，但是俄國對於黑海裏海中央亞細亞諸地方，或對於巴斯克人（Baske）韃靼人（Tatar）諸民族，都有啓發其文化的功勞。再俄國又能吸收文化要素和特別的產業要素，當然比那士大夫階級的風尚怠惰習慣的波蘭，自有不可同日而語了」云云。

此外，又於一八六三年四月二十一日，寄馬克斯信中說：

「我因爲要激動一七七二年之波蘭，人所以說「波蘭人和水牛一樣」的話。那時的貴族，都有很好格言說所謂唯物論，就是我們飲食睡眠賭博買彩等云云，但是他們可貴的容顏，和高尙的詼諧，反是他們的禍根，現在都已在歐洲各國零落殆盡了。唉！這種國家，又愚又蠢，賣身於俄國的貴族，世界上恐怕找不出第二國來」云云。

然則馬克斯恩格斯，究竟是從什麽動機，盼望波蘭的復興呢？據他們的見解，謂波蘭的復興，可以牽制俄國，而頓挫他對於中歐侵略的勢力，就是要德國由政治上文化上向民主主義急速發展的意思云云。這種見解，可於他們書信來往，和他們所發表的論文中看得出來。比方，一八四八年八月十九日恩格斯「在新萊因報」上論文內說：

「所以我們若借兵給俄國，抑壓波蘭時，換句話說就是把波蘭的一部分，置於德國勢力範圍內時，那麼就會生出以下的結果。卽一方，德國仍然是受制於俄國，和俄國政策的束縛，他方德國家長的封建專制主義，也不會澈底破壞。所以建築民主主義的波蘭，就是建設民主主義的德國的第一先決條件」云云。

這種見解，馬克斯恩格斯，以後也常常發表過。不過形式稍有變更罷了。比方，由「國際勞動協會中央委員會」向一八六六年九月，日內瓦（Ceneva）大會，提出馬克斯起草的記錄中說：

「中歐，尤其是德國，在這種現狀變化的時候，那民主主義的波蘭存在，比較往日，尤爲必要。德國自此以後，做神聖同盟的先鋒呢？還是做共和主義的法國一同盟國呢？這都是看民主主義的波蘭存在如何而決定的。勞動運動，在這個大問題沒有解決以前，都是常常中斷阻止，或延期的」云云。

馬克斯和恩格斯因不承認民族自決權，所以對於民族性問題，也只由文化進步的觀察點，推論他們的學說。他們關於東方問題曾寄稿於「紐約報」上，（一八五三年至一八五五年）由那些論文中，可以明白看出他們的意見。

據馬克斯恩格斯兩人的見解，說當時巴爾幹各國國民，努力脫離土耳其的羈絆，是很合理的，各國都應極力援助他們。馬克斯等的意思，並不是因爲巴爾幹各國民有什麼自決權，而要求政治的自主，乃是因土耳其的政治已腐敗不堪，既無能力同化異種民族，確立政治秩序於巴爾幹半島；又不能保障巴爾幹的住民文化發展向上。假設土耳其人有這種支配的能力，那末以土耳其的地位來對付紛爭不已的巴爾幹問題，當然是再好沒有的解決方法了。但是土耳其的現狀，對於文化發展，是一個堅硬的障壁，所以非將他的支配權打倒不可云云。一八五三年四月三日「紐約報」上有一論文很像是恩格斯所發表的，那裏面

有一節說：（參照馬克斯和恩格斯全集第一卷一四七頁一九一七年Stuttgart版）

「這種極好的地位，不幸住着種種不同的人種。和種種民族性。所以在這些民族內，不明白誰是對於文化進步有能力。斯拉夫人希臘人羅馬尼亞人亞爾那圖（Arnaute）人等由數字上說來，實有一千二百萬人；這一千二百萬人都隸屬於不滿百萬的土耳其人之下。在這種混合住民的裏面，支配這些複合民族性，而執行統治權的人種，那土耳其人是否爲適任的統治者，到最近還是疑問。但是，土耳其方面對於文明的攻擊，已是一敗塗地的了。又伊斯蘭（Islam）教的（回回教）熱狂信仰，由土耳其的迷信家，傳入二三大都市，並且利用奧地利俄羅斯的援助，欲獲取相當權力，而破壞那蒸蒸日上的文明進步。他方，土耳其的中央政府，因爲基督教地方的暴動，遂日弱一日，那種暴動，一因土耳其政府的尾大不掉，二因近隣各國的干涉，所以沒有不成功的。又那時候，希臘已爭得獨立，亞爾美尼亞（Armenia）各地方被俄國侵略，摩耳刀（Moldau）窩拉幾亞（Wallachia）塞爾維亞（Servia）等，相繼爲俄國的保護國。我們若明白以上的情形後，我們就不得不說，若土耳其還是存在歐洲，那末對於實現色雷斯（Thrace）伊利里亞（Illyria）半島的政策，實是一個大障碍物」云云。

照這樣看來，馬克斯和恩格斯，並沒有想到所謂民族自决權。他們想到的，就是「文化的利益，要求怎麼樣的解決」這個問題。所以他們總不說：「巴爾幹半島，任何國民，都可以有守着人種學的境界，而組織一獨立國家的權利」云云的話。這種思想，他們老早沒有放在眼中的。他們以爲這類話頭，是獎勵建設一羣沒有競爭力的國家思想。他們以爲巴爾幹半島，若能建設一個大南斯拉夫國家（即是斯拉夫聯邦國家）爲最上策。大南斯拉夫國家的建設，並不是南斯拉夫族有什麽特別解放自己的權利，一八五三年四月二十一日「紐約報」中一論文（參照全集第一卷一六八頁）那裏面所說的，是南斯拉夫族在巴爾幹半島中爲最有力最活動最文明的人種。所以假設能夠建設一個南斯拉夫族國家，因經濟利益的關係，一定會和西歐各國結合。如是對于俄國欲得君士坦丁(Constantinople)和達達尼爾(Dardanelles)的努力，就可算是一個大障壁了。至於有人說：照這樣的解決巴爾幹問題，是沒却民族性主義的辦法，誠有抑壓各種小民族，如阿爾巴尼亞(Albania)鄂斯曼(Osman)希臘等的傾向云云。這種問題，在馬克斯恩格斯都認為是不關痛癢的。假設創設南斯拉夫聯邦共和國，這種計畫由政治上證明沒有可能性的時候，他們認定希臘帝國必會復興，於巴爾幹半島所以又贊成把支配權賦與希臘。其後馬克斯於一八五三年八月五日發表一論文說：(參看全集一卷一九六頁)

「他方西歐各國，雖然是因恐怖和警戒，互相猜忌，但也是懼俄皇的侵略，所以常常援助土耳其皇帝使其抵抗俄皇。到了後來，又因為恐怕激起一般的戰爭——這種戰爭，一日勃發，就可以惹起一般的革命——所以又抑壓土耳其皇帝使其服從俄皇。西歐各國，這樣的沒有力量，並且遇事恐佈，所以他們總不敢想建設希臘帝國，或建設斯拉夫各國的聯邦，以圖歐洲土耳其的再興。只把他們的全副精神，努力維持現狀，換句話說：他們對於土耳其帝國，只要由俄皇允許他的自主，就算了事。對於斯拉夫族，只要幫助土耳其帝國，不許解放斯拉夫族，以維持支配狀態，就算滿足的了」云云。

馬克斯對於愛爾蘭的政治自主及獨立問題，也和對於巴爾幹的問題同樣，並沒有說過「國民自決權」云云這種話。愛爾蘭爲什麽要脫離英國，宣告獨立呢？馬克斯所說的理由如下：「那給合好了的各種勢力，因愛爾蘭獨立的當然會分裂的。但是若能夠打倒在歐洲占反動的優越地位之英國，英國勞動階級，一定會快向那革命的進步路上走去」云云。（即是可以促進英國勞動階級的革命運動。——譯者）馬克斯於一八六九年十二月十日，寄恩格斯的信中，報告他在「國際勞動協會中央委員會」會議時所採用的戰術，這個時候他的主張，更加明瞭。他說：（參看「馬克斯恩格斯書翰集」第四卷第二二五頁）

「我於下星期二提出問題的方法，是不說對於愛爾蘭的「國際的」及「人類的」正義

——這種話在國際勞動協會委員會中，都是很光明磊落的辭句，——云云這類的話。只說，假設把英國和愛爾蘭的分離後，那末英國的勞動階級，一定會有直接的絕大的利益云云的話。這種話，是我確實有把握的，並且有很充足的理由。那理由內有一部分，對於愛爾蘭勞動者，也不能使他們曉得的。我從來相信，若能增進英國勞動階的勢力，必定能夠打倒英國對於愛爾蘭的統治。這種見解，我常常發表於「紐約報」上。但更進一步研究起來，那反對的事實，也使我相信了。卽英國勞動階級，沒有由愛爾蘭解放以前，無論什麼事業，都不能成就的，所以問題的中心，仍然是愛爾蘭了」云云。

德國及奧地理社會民主黨的見解，說：「國民自決權」雖然證明與社會學相矛盾，但仍然是馬克斯主義的一個權利要求，切不可放棄云云。我們若把這種見解，和上述馬克斯恩格斯極端澈底的意見相對照時，那就更難理解了。這種權利的要求，不是馬克斯主義的見解，也不是一般社會主義的見解，本是一種法律上的主義，並且是由那種似是而非的俗惡馬克斯主義者所倡導的見解。當時對於民主主義的汎斯拉夫主義，很有許多空洞觀念的論爭。那班俗物根據這種論爭，而倡導所謂「國民自決權」所以和眞正馬克斯主義的發展觀念，完全是相矛盾的東西。

中華民國十八年三月再版

馬克斯的民族社會及國家概念

原著者 Heinrieh Cunow
翻譯者 朱應祺 朱應會
發行者 趙南公
印刷者 上海泰東圖書局 上海大連灣路五十號
總發行所 泰東圖書局 上海四馬路中市
分售處 各省各大書局

定價 大洋五角 外埠函購郵費加一

印數 2001——4000